収穫のとき、最初はハサミで茎を切って、次にヘタの付け根をきれいにカットしている。トマトを栽培しているハウス内の温度は、初夏になると40度近くまで上昇することも。

トマトは1つ1つ丁寧に収穫し、手作業で拭いていく。

ヘタの部分を下にして、実が傷つかないように作業をしている。
袋詰めをする際も、トマトの向きに注意して入れている徹底ぶり。

大ぶりで、ずっしりとしている男気トマト。他にも、トマトケチャップ（奥左）、トマトジュース（奥中央）、万能トマトソース（奥右）などの商品開発もチャレンジしている。

teshima nouen
OTOKOGI TOMATO
男
トマト
男気

第3章 自分だけの看板を持つ

第6章 逆境を〝価値〟に変える 095

はじめに

2011年、私は約13年間勤めていた株式会社 明治（旧明治乳業株式会社）を辞めて、農家になりました。今では、埼玉県桶川《おけがわ》市にある手島農園で〈男気トマト〉というオリジナルブランドのトマトを作っています。

このように自己紹介をすると、毎回みなさんから「大手企業を離れてまで、どうして農家になったのですか？」と驚かれます。

当時の私は36歳。本社のマーケティング部で有名ブランド商品の販売戦略を担当し、全国の営業担当を指導するポジションにも就いていました。バリバリ仕事をこなして、会社員として乗っている時期でした。このまま会社にいれば昇進も望めたでしょう。

それでも農家の道へ進もうと決めたのは、2つの理由があったからです。

1つは、自分だけの看板を背負ってビジネスの世界に挑戦してみたかったから。

もう1つは、日本の農業の未来に不安を覚えたからでした。

2010年頃、世間ではTPP（環太平洋パートナーシップ）協定が話題になっていました。「協定が締結されたら、海外産の安い野菜が大量に輸入されるようになり、国産野菜が売れなくなるのでは」と農業への影響がさまざまなところで報道されていたのです。

このままではいけない。

日本の農業を取り巻く問題を知ったとき、私はそう思いました。

実家が農家ということも重なって「農業から意欲のある人がいなくなってしまって、数十年後には日本の野菜が食べられなくなるかもしれない」と危機感を覚えたのです。

そうでなくとも、高齢化や成り手不足、食料自給率の低下など、日本の農業を取り巻く問題はいくらでもあります。

農業を活性化させるために、なにかできることはないだろうか。

いろいろと考えた結果、私はビジネスとして農業にチャレンジしようと決めました。

これまで仕事で培ってきた営業術やマーケティング術を駆使すれば、農業の世界でも成功するロールモデルを作れるはずだ、と考えたのです。

個人農家でも、企業とコラボしておもしろいビジネスができるのなら――。

大手企業の年収を超えるくらい安定した収入と、ワークライフバランスの取れた快適な暮らしを得られるのなら――。

農業に興味を持つ若者が増えるかもしれません。若い方の職業選択の候補として「農家」が挙がるようになっていけば、日本の農業は自然と活気づいていくはずです。

その見本となり、橋渡しをする人間になろう。

私はそう思いました。

そしてこれは、自分の看板で勝負する、という私なりの挑戦でもあったのです。

とはいえ、私の野菜作りに関する知識はゼロ。農家の息子として育ちましたが、学生時代を含めて、畑の手伝いをしたことはほとんどありませんでした。長年、畑仕事をしている父も、これまでトマトを育てたことはないと言います。つまり、知識もノウハウもない状態から、私のトマト作りは始まったのです。

研究を重ね、「無かん水栽培」というベテラン農家の方からすれば無謀な挑戦を経て、私は〈男気トマト〉という看板商品を作ることに成功しました。

今思えば、農業経験がほとんどない初心者だったからこそ、野菜作りのセオリーや業界の常識に惑わされず、思い切ったチャレンジができたのだと思います。

経験は大切ですが、経験者の話がすべて正しいとは限りません。しがらみにとらわれずチャレンジできる分、ビジネスにおいては、初心者のほうが有利な場面もあるはずです。少なくとも、私のときはそうでした。

その後、手島農園では全面的に〈男気トマト〉の栽培を開始。業績は格段にアップし、**年収**（**売上－経費**）**は就農初年度と比べて約5倍、会社員の平均年収の3倍以上**にまで伸びました。

テレビや新聞などのメディアに取り上げていただいたことで、県外から購入してくださるお客様も年々増えています。近年は、大手食品メーカーとのコラボや地元レストランへの商品提供など、就農当初からは想像できない広がりも生まれるようになりました。

個人農家でも、戦略次第でこんなにおもしろいビジネスができる。

十数年間、専業農家として農業に取り組んでみて、私はそう感じています。

農業は、まだまだ夢のある仕事なのです。

また、新しいことに挑戦するのに、経験や年齢はあまり関係ありません。現に、私は30代半ばで農業の世界に足を踏み入れ、ゼロからトマト作りに挑戦しました。

ほかの業界を見ても、それは同じです。

少子高齢化が加速する現代の日本では、若手不足や後継者不足で悩んでいる業界がたくさんあります。古い慣習や既存の仕組みにとらわれないビジネスを展開できれば、私のような業界経験のない元会社員でも成功できるのです。

大切なのは、常にチャレンジ精神を持ち続けること。

そして、お客様に商品が持つ「価値」を届けようとする心意気です。

本書を通じて、日本の農業に少しでも興味を持ってもらえたら。

自分もなにか新しいことにチャレンジしてみようと思ってもらえたら。

私にとって、これ以上嬉《うれ》しいことはありません。

第1章

時代の波を知る

良いものを作れば売れる、そんな時代は終わった

野菜作りに限らず、ものづくりに関わる方のなかには「良いものを作る」ことに命を懸けている方が大勢います。もちろん、私もその1人です。

品質は、ものづくりの要です。少し過激な言い方をするのであれば、私は自分が「おいしい」と思っているものでなければ、販売する意味がないと考えています。私のなかで、作って、販売し、お金を得るだけの仕事は、ものづくりとは呼べないからです。

「売れればいい」という考えで作った商品でも、広告や宣伝にお金をかければ一時的に売れるかもしれません。しかし、長期的にビジネスを行っていくのであれば、自分が良いと感じたものを届けなくては続かない、と私は考えています。

ビジネスは、**お客様の元に商品と「それを購入した価値」を届けることで初めて成り立つのです。**

ただ、**どんなに良い商品も、知ってもらえなければ購入にはつながりません。**

「おいしい野菜を作れば、たくさん売れるに決まっている」

かつては、私もそう考えていました。

しかしそれは、今の時代には合わない考え方だったのです。

トマト作りを始める前の1年間、私は農業の基礎を学ぶため、父が営む手島農園の手伝いをしていました。父が作るキュウリは〈男気トマト〉のようなブランド野菜ではありませんでしたが、味には自信がありました。私もおいしいと思いながら作っていましたし、当時は「おいしいものを作れば売れる」と本気で考えていました。

しかし、自分たちがどれだけ良いと思うキュウリを作っても、想像していたような、大きな利益を生み出すまでには至りませんでした。

昔と変わらないやり方をしているのに、どうして利益が出ないのか。

時代の流れを考えれば、答えは簡単でした。

昔と同じやり方をしているから、利益が出なかったのです。

ひと昔前までは、作れば売れる時代――いわば「売り手市場」でした。信じられないかもしれませんが、作った分だけ売れて利益になる時代が確かにあったのです。

しかし、現代は違います。インターネットが発達し、社会に物と情報があふれ、消費者には無数の選択肢が与えられるようになりました。

数が増えれば、それだけ「品質の良いもの」を見つけるのは難しくなります。

野菜ソムリエや料理研究家でもない限り、スーパーのキュウリを片っ端から買って食べて、「おいしい」「おいしくない」と判別したりはしないでしょう。

ただ良いものを作れば売れる時代は、とっくに終わっていたのです。

手島農園のキュウリはおいしい。まずはそれを知ってもらわなければ、これから新しいお客様を増やし、事業を大きくしていくのは難しいと感じていました。

そのため、〈男気トマト〉を作った際は情報発信を意識しました。公式ホームページを開設し、慣れないSNSにも挑戦してみることにしたのです。

効果はありました。ホームページやSNSで〈男気トマト〉の存在を知った方が、手島農園のトマトを購入してくれる新たなお客様になってくれたのです。

ただ、情報社会の波に乗って購入者が増えていくなかで、私は次第に「お客様が満足するものを届けられなければ意味がない」と感じるようにもなりました。

今風に言えば、とにかくSNSでバズる（注目を集める）投稿をして一時的にトマトが売れるようになっても、そこに価値が伴っていなければ意味がない、と思うようになったのです。

そのような販売戦略を否定するわけではありませんが、私の根底には「良いものをお客様に届けたい」という生産者としてのプライドがあります。

良いものを作り、発信し、届け、お客様に感動してもらう。

そこまでいって、ようやくものづくりに携わっていると言えるだろうというのが、十数年農家をしてきた私の持論です。

ビジネスの真の価値は、商品を届けた後に生まれる

手島農園の〈男気トマト〉は、一般のトマトよりはるかに高い価格で販売しています。通販では1kg当たり1500円。市場に卸した場合で考えれば、平均価格の約5倍です。当然、価格に見合う「価値」をお届けしなくてはなりません。

では、価値とはなんでしょうか。

味のおいしさ、見た目の良さ、パッケージ、ブランド、栽培方法……さまざまなものが「価値」と呼べます。

たとえば手島農園では、トマトの味にうま味をプラスするため、魚粉などの有機肥料を用いています。これも価値のひとつです。

しかし、**価値は作っただけでは価値にならない**。

どんなに良い商品も、発信しなければ知ってもらえないのと同じように、自分の作った価値がお客様に伝わらなければ、それはきっと価値とは呼べないのです。

そう感じたのは、まだ〈男気トマト〉というブランドができる前。自分がこだわりを持って作ったトマトが、スーパーで売れ残っているのを見たときでした。

手島農園のトマトは〝昔ながらの味わいがする、トマトらしいトマト〟というコンセプトで作っているため、味を左右する肥料には強いこだわりを持っています。ただ、一部のトマト好きなお客様を除いた多くの消費者にとっては、肥料はそこまで大きな価値ではありません。

それよりも、重要なのは「価格」です。

「味にそこまで差がないなら、安いほうを買おう」

それが消費者の心理です。良いものを作ろうとしている生産者からすれば悔しい話ではありますが、**生産者が作る「価値」が、価格の「価値」を超えると伝わらなければ、手に取ってもらうことすらできないのです。**

高価格帯で勝負している手島農園の場合、価格とは別の価値を提示して、このトマトになら高いお金を払ってもいいと納得していただくしかありません。

「それなら、食べた人の記憶に残るオンリーワンの価値を持ったトマトを作ろう」

これが〈男気トマト〉というブランドが生まれたきっかけでした。

おかげさまで、現在はお客様から「ここのトマトを食べたら、ほかのトマトが食べられなくなる」「おいしかったからまた来たよ」「昔食べたトマトを思い出すから、手島さん家《ち》のトマトは忘れられないんだよね」など、嬉《うれ》しい言葉をたくさんいただいています。

良いものを作り、商品が持つ価値をきちんとお客様の元に届ける。利益を追い求めるのも大切ですが、真に成功するビジネスとは、きっとその繰り返しなのだと私は思います。

食卓に上ったトマトを中心に会話が広がって、家族団らんのきっかけになれば。〈男気トマト〉ができるまでのブランドストーリーや、トマトに込めた思いを知ってもらって、バックボーンを含めた価値を届けられたら。

それが、手島農園のビジネスにおける理想です。

ビジネススキルを磨き、個人で商品を売る

従来の市場ルートでは生産した野菜を全量買い取ってくれるというメリットがある一方、生産者から消費者にたどり着くまでに多くの事業者が関わっているため、中間マージンが高くなってしまうというデメリットがありました。

各ステップでは手数料等が引かれ、生産者が得られる収入は少なくなってしまうのです。

また、生産者は自分で作った農産物の価格決定権がなく、多くの生産コストがかかったとしても、それを考慮した価格設定をすることはできません。

生産コストの上昇が叫ばれている近年では、得られる利益と生産コストのバランスを取ることは難しく、機械化等により生産コストを下げている大きな企業ならまだしも、家族経営の小さな農家である手島農園では、随分前からビジネスとして成立させるのが難しくなってきていました。

おそらく、ほかの中小規模農家の方も同じような状況ではないかと思います。
では、生き残るにはどうしたらいいのか。

卸売業者だけではなく、個人で商品を販売していく道も見いだして、自分のスタイルに合った販路を選択していくしかありません。

農園の現状を知ったときからそう考えていた私は、トマト栽培を始めてすぐにスーパーとの直取引に臨みました。

直取引とは、農家が直接スーパーと契約を結び、店頭で自社の商品を販売する制度です。直取引をすればスーパーとの交渉次第で農家が自分で価格を決めることもでき、仲介業者のマージンも農家の利益になります。高単価で自社の商品を販売できるというわけです。
また、利益を得るには、ネット通販や直売所などの農家が自分で商品の価格を設定できる販路を利用する方法も考えられます。

私はトマト栽培が軌道に乗りはじめると、直売所や通販サイトの運用にも挑戦しました。さまざまな販路を駆使して、少しでも利益を高められる販売形態を構築したのです。そのおかげもあって、現在は十分な利益を得ながら農園経営を行えています。

ただ、直取引やネット通販で商品を売るには、営業やプロモーション、広報など、さまざまなビジネススキルが必要です。

卸業者を経由する従来のビジネスモデルであれば、一度商品を出荷してしまえば、スーパーへの営業や価格交渉などは、すべて卸業者がやってくれました。農家は野菜を作り、市場に商品を流すだけでよかったのです。しかし、卸業者を介さない新しいビジネスモデルでは、これらの交渉を農家が自ら行う必要があります。

生産の規模を拡大して、従来通りすべてを引き受けてくれる卸業者に委託するか。

スキルを磨いて自分たちで交渉や販売を行い、満足できる利益を得るか。

現代の農家は、自身の環境に合わせて販売戦略を選択していく必要がある、と私は思います。

これまで10年以上農業に従事してきた私の肌感ですが、農業はほかの業界に比べると環境変化への対応が遅い部分も多々ある分野です。ほかの分野でものづくりをされている方は、おそらく何年も前に、この問いかけに直面したことでしょう。

反対に考えれば、農業にはまだまだ成功の余地があるということ。何十年も研究を重ねて野菜を作ってきたベテラン農家でなくても、戦略次第で利益を高めていけるということです。

まだまだこれから。

手島農園のような個人農家にも、大成功を収めるチャンスは残されています。

第2章

成功体験をビジネスにつなげる

挑戦を恐れず、努力を重ねる

会社員だった私がどのようにして農家になり、成功したのか。

それは、私の原体験となっている子ども時代の「成功体験」にありました。

農家の息子として伸び伸びと育てられた私は、それはもう、やんちゃな子ども時代を過ごしていました。勉強はしないし、イタズラ好きだし、帰ってもすぐ遊びに行くし……。

いわゆる悪ガキで、周囲から「あばれはっちゃく」とあだ名をつけられていたほどです。

（当時『あばれはっちゃく』という人情の厚いガキ大将が主人公のテレビドラマが流行《はや》っていて、私は彼のように暴れん坊だったのです）

今考えると、本当に育てるのが大変な子どもだったと思います。

しかし、両親はそんな私を抑えつけようとはしませんでした。悪いことをすれば叱られましたが、やりたいことをさせてくれて、私にいろいろな体験を与えてくれたのです。

おかげで私は、物おじせず何事にも挑戦してみる少年に育ちました。

この気質は今でも変わっておらず、私のなかには常に「やってみなければ始まらない」という考え方が存在しています。知識ゼロ・経験ゼロの状態で農業にチャレンジしようと思えたのも、このときの経験があったからでした。

ですが、自由気ままな悪ガキも、いつまでも子どもではいられませんでした。中学校の学力テストで、衝撃的な点数を取ってしまったからです。

1学年420人いるマンモス中学校で、下から数えた方が早い順位……。中学校に上がり、自分の学力が初めて「順位」という形で廊下に張り出されているのを見て、私はショックを受けました。

「母さん、自分ってもしかしてバカなのかな？」

思わずそう聞いてしまったほどです。

手島孝明、12歳にして初めての大きな挫折でした。

しかし、母はどんなに悲惨な点数を見てもバカとは言いませんでした。

「あんたはやればできる子だから」

ただ、そう言って励ましてくれたのです。

自分でも単純な子どもだと思うのですが、母に「やればできる」と言われ続けていたため、私は勉強ができない割に、勉強に苦手意識を持っていませんでした。そのせいもあって、ある日突然「ちょっと社会でもやってみるか」と興味を持つようになったのです。

次の定期テストに向けて、私は社会科の勉強を始めました。

結果は、満点の１００点。母の言うとおり、やってみたらできてしまったのです。

「一度成功したのだから、ほかもできるだろう」

私はほかの教科にも興味を持つようになり、勉強にのめり込みました。

あんなにイタズラ好きだった悪ガキが一転して勉強好きになり、最終的には県内の学力テストで偏差値70の好成績を取れるようになったのです。

すべては、「やればできる」と言ってくれた母のおかげです。

どんなにやんちゃで、勉強ができなくても、母は否定せずに私を応援してくれました。

だからこそ私は、人生におけるバッターボックスに立ってヒットを打つことができたのだと思います。

あの言葉がなければ、私はきっと中学校でも悪ガキ街道を突っ走って、非行少年になっていたことでしょう。両親には本当に感謝しています。

勉強を通じて得た経験は、その後も私の人生を支える大きな柱となりました。

農業を始めるときも、トマトを育てると決めたときも、常に私のなかには「やればできる」という思いがありました。中学校時代を思い出すと、大きな決断を前にしたときも一歩踏み出す勇気が湧いてくるのです。

「やっていればできる」やり切るための努力の仕方

中学校でとことん勉強をして以来、私は目標を途中で投げ出すことがなくなりました。

「やるからにはやり切ろう」という気持ちが自然と芽生えるようになったからです。

諦めずにやり切れば、人間はそのつど成長できる。

勉強を通じて得た経験は、今でも私の原動力になっています。

ただ、私は「目標に向かってひたすら努力を続ければ、誰でも必ずゴールに到達できる」とは考えていません。どれだけ時間をかけても、課題の本質を理解していなければ、正しいゴールにはたどり着けないからです。

成長するには、これを繰り返すしかありません。

壁にぶつかったら、課題を掘り下げて本質をつかみ、改善に向かってチャレンジをする。

ビジネスにおいても、それは同様です。

手島農園の売り上げが下がっているのなら、何が原因で、どうして売り上げが下がっていて、売り上げ不振のタイミングでは何が起きたのかを掘り下げて分析していかなければ、真の原因追究はできません。たとえばですが、次のように深いところまで原因を探ることで、ようやく原因と対策が見えてくるのです。

Q. 売り上げが下がっている部分はどこですか？
A. トマトジュースです。
Q. なぜトマトジュースの売り上げが悪いのですか？
A. 競合が強いからです。
Q. 競合とはどこですか？
A. A農園です。
Q. A農園が売り上げている理由はなんですか？
A. 価格戦略を強化したからです。

ここまで質問を重ねて、ようやく「A農園の価格戦略により、売り上げが下がっている」と分析できます。

「なら、価格勝負に乗るのではなく、品質を上げて差別化しよう」

「キャンペーンを打って新規顧客層にアピールしよう」

こうした対策は、真の原因を理解してこそ打ち出せるのです。

表面上の課題だけを見て、思いついた改善案を手当たり次第に試しているだけでは、本当に効果がある対策を打つのは困難です。

私にとって「諦めずにやり切る」とは、やみくもに走り続けることではありません。原因を追究するロジックを持った上で、対策の努力を続けることです。

さて、中学校で勉強をやり切った私は、県内で有名な進学校だった城西大学付属川越高校に進学。大学受験では、明治大学を中心に複数の大学を受験しました。

しかし、結果は不合格。

自信があったはずの勉強で、私はまた挫折を味わうことになったのです。

滑り止めの大学に進学する道もありましたが、あとから後悔したくないと思い、私は浪人を選びました。かつて猛勉強した自分を思い出し、再び勉強に励んだのです。

1年間みっちり受験対策に取り組んだかいあって、翌年には明治大学法学部に合格。晴れて、明治の門をくぐることができました。自らバッターボックスに立ち、人の力を借りずに、大きなヒットを打つことができたのです。

大学では、当時学内で一番厳しいと言われていた体育会スキー部へ入部を決めました。いろいろな分野に挑戦して、もっと自分を高めたいと思っていたからです。上下関係が厳しく、キツイ練習も多々ありましたが、4年生のときには主将を務めるまでに成長できたので、今ではいい思い出になっています。


振り返ると、私が常に抱いている、**成長したいという強い気持ちは、少しでも理想の自分に近づきたいというところから来ている**のだと思います。

メディアの取材でよく「理想とする人は誰ですか？」と聞かれることがありますが、私にとっては「今の自分が理想とする自分」こそが目標であり、ライバルです。

特定の誰かを理想にするとゴールがありますが、理想の自分にはゴールがありません。成長するたびに「こうありたい」という姿が変わり、追いついたかと思えばまた遠くに走って行ってしまうからです。

理想の自分を追う道は長く、苦しいこともあるでしょう。

しかし、強いライバルがいるほど燃えてくる。

私はそういうタイプの人間です。

真の営業は、商品を売り込まない

明治大学を卒業した後、私は偶然にも同じ名前の株式会社 明治に入社しました。

配属先は、名古屋の東海支社 営業部。営業職を希望したわけではありませんでしたが、昔から人と話すのは好きでしたし、性格的にも営業は向いていると考えていました。

しかし、新人の私は「営業」という仕事を勘違いしていたのです。

食品メーカーの営業は、スーパーなどの量販店に掛け合って、自社の商品を入れてもらうのが主な仕事です。私はそのとき、仕入れを統括するバイヤーに対して営業を行っていて、「会社が言っていることをきちんとお客様に伝えるのが自分の仕事だ」と使命感を持って働いていました。

しかし、バイヤーの考えは違いました。**当たり前ですが、会社の方針とスーパーのニーズにはギャップがあります。**会社が考える「このやり方で売っていく」「この商品を強化していく」という指示に従っているだけでは、うまく営業できるはずがなかったのです。

「今、お客様は何に困っているんだろう」

ニーズの違いを知ってからは、自分なりに担当客先の課題を分析するようになりました。それぞれのスーパーが持っている悩みを知り、解決できる商品を提案する営業スタイル──いわゆる提案型営業にシフトしたのです。

加えて、競合の営業担当より早く業界の情報を伝えることも意識しました。

バイヤーは、自社だけではなく、スーパーマーケット業界や流通業界のことを常に把握しながら動かなければいけない大変な仕事です。

「□□グループが、今度新しいスーパーを展開する予定です」

こういった情報はいち早く頭に入れておきたいところですが、業界の情報をリアルタイムで追いかける余裕などバイヤーにはありません。

そこで私は、日常的に業界のトピックスをリサーチして有力な情報をまとめ、取引先のバイヤーへ送ってみることにしました。

1年ほど続けたあたりからでしょうか。売り上げは目に見えて変化しました。取引先との距離もぐっと縮まり、仕事もうまく回るようになったのです。


これらの経験は、農家としてスーパーへ直取引の提案をする際にも役立ちました。相手のニーズを分析して提案する、という営業の考えが染みついているので、競合スーパーの売り場を分析して、差別化できる導入提案を持っていくことができたのです。

「うちのトマトはおいしいですよ！」とひたすら訴えるのは、営業ではありません。商品の良いところをアピールしても、「生産者なんだから、そう言うに決まっている」と思われてしまうだけです。

それよりも、**顧客のニーズを把握して「悩みを解決するために、うちの商品が役立ちますよ」と提案をする。**これこそが真の営業だ、と私は考えています。

また、名古屋で過ごした10年間の営業人生は、私にありのままの自分でぶつかる大切さを教えてくれました。

営業は人と人が直接関わる仕事なので、**同じ価格・同じ品質の商品が並ぶと、最終的には信頼がモノを言います**。淡々と仕事に取り組んでいるだけでは、信頼の差で競合に負けてしまうことがあります。

ただ、生まれも育ちも埼玉の私にとって、名古屋は滅多に訪れることのない土地。配属当初は地理や風土もさっぱり分からず、地元の方との距離感を図りあぐねていました。

「営業先の方たちとどうやって打ち解けようか」

あまり物おじをしない私でも、このときばかりは悩んだのを覚えています。

しかし、普通に営業しているだけでは、信頼を勝ち取ることなんてできません。やるしかない。私は相手を探りながら話すのをやめ、ありのままの自分をさらけ出すことにしました。利益を出そうとか、結果を残そうとか、打算的なことは抜きにして、まずは手島孝明という人間を受け入れてもらおうと考えたのです。

思い切って相手の懐に飛び込んでみると、あれだけ悩んでいたのが嘘《うそ》のように、営業先の方と打ち解けることができました。

以来、私は初対面の人ともなるべく自然体で接するようにしています。

自分から率先して心を開けば、相手も安心して心を開いてくれます。すると、すぐに距離感が縮まり、仕事においても良い関係性を築きやすくなるのです。


相手のニーズを読み、それに見合った商品を、相手に合った形で提案する。

同時に、飾らない自分で人との信頼関係も築いていく。

これこそが私なりの営業スタイルです。

単価を1円上げるだけで、利益は変わる

東海支社を離れたあと、私は東京にある本社のマーケティング部に異動しました。

「どうしたら商品が売れるのか」

「顧客にどういう商品が求められているのか」

それを追求し、新しい商品を開発するのがマーケティングの仕事です。

ただ、新商品の開発というと、自由に作りたい商品の提案ができるように捉えられがちですが、自分たちが売りたいものを売り込む営業が失敗するのと同じように、作りたいものを作る商品開発では、やはりうまくいきません。

ニーズをリサーチし、顧客の課題を解決する商品を開発・プロモーションする。

それこそが、私が学んできたマーケティングのあるべき姿でした。


ニーズに応える商品を考える一方で、どのように利益を出していくのか、と戦略を立てるのもまた、マーケティング部にいたころの重要な仕事でした。

大企業の商品には「単価を1円上げるだけで、数千万単位の利益が出る」と言われているものもあります。個人農家では信じられないような話ですが、日本全国で流通している人気商品ともなれば、ありえない話ではありません。

同じように野菜の単価を上げられれば、それだけで農家が得られる収入は上がります。

簡単なことではありませんが、商品単価を意識し、利益を重視した経営を行うことは、ビジネスで成功していくために重要なのです。

売り上げはもとより利益も重視する。それが、農家になった私の経営方針でした。

ですから、私は農家を始めてから「年商1億円！」といった売り上げ単体の目標を立てたことがありません。年商1億円の企業、という肩書はたしかにカッコイイのですが、実態を見てみると「1億円も稼いでいるはずなのに利益がほとんどない」という企業も珍しくないからです。とくに、機械化が難しい業種の場合は「生産規模を拡大したら、予想以上に固定費が上がってしまった」という本末転倒な話もよく聞きます。

年商が高いことは、必ずしも利益が出ていることとイコールではないのです。

手島農園がむやみに〈男気トマト〉の生産量を増やさないのも、固定費のコストカットが難しい点にあります。

固定費には、私の人件費も含まれています。「個人農家だから、自分の人件費は考えずに作業する」「自分が動けばタダだから作業量が増えてもいい」とは、私は思いません。

真に利益を追求するのなら、農家も会社員と同じように、自分に対する時給や月給を考えるべきです。作業時間と金額を照らし合わせ、カットできるところは積極的に削っていかなければ、商品の利益率を高めるのも困難になってしまいます。

広い土地を使って野菜を大量生産するビジネスモデルもありますが、ブランド化して、1品当たりの単価を1円でも上げて、確実に利益を高めていくのも1つの方法です。

物が溢《あふ》れる現代で、どちらが中・小規模農家が成功する道か。

どちらかと言えば、私は後者ではないかと考えています。

ゼロから挑戦する脱サラ農家

2011年、私は13年間勤めた会社を辞めて、農家になることを決意しました。

36歳、中年脱サラ農家の誕生です。

自分の力だけで、どこまでやれるのか試してみたい。

農家をはじめた大きなきっかけは、そんな漠然としたチャレンジ精神でした。明治大学という名前も歴史もある大学にいたせいか、私のなかにはいつしか「自分の力だけで勝負してみたい」という思いが芽生えるようになりました。

そしてその思いは会社に入るとさらに強くなっていったのです。

明治での仕事は充実していましたし、やりがいもありました。ただ、社内には当時6000人ほどの社員がいて、どれだけ頑張って働いても、私はそのなかの1人でしかありません。たとえば私が会社を休んでも仕事が問題なく回るのだと思うと、「自分の腕一本と実力だけで、どれだけできるのか試してみたい」という気持ちが高まっていったのです。

そこに重なるように話題となったのが、TPP協定の問題でした。

TPP協定とは、簡単に言えば、協定を結んだ国家間の輸出入に対する関税や規制を緩和するもの。つまり、協定が締結されれば、海外産の安価な野菜やお米が大量輸入されることとなり、価格競争によって国産野菜が売れなくなる恐れがある。実際には、そこまで極端な問題は起こりませんでしたが、当時は「日本の農業が危ない！」とさまざまなところで報道されていました。

そのほかにも、日本の農業は多くの問題を抱えています。

今や農業従事者の約7割が65歳以上で構成されていて、49歳以下の若年層はわずか1割しかいません。農業人口も減少し続けていて、調べてみると、2010年に250万人以上もいた農家は、2020年には130万人ほどになってしまったといいます。たった10年で、100万人以上の方が農業を離れてしまったのです。

食料自給率も、1960年には80％近くあったものが、2023年には40％弱にまで減少してしまいました。

どうにかして現状を変えたい。

少しでも日本の農業の未来を明るくして、若い世代が憧れる職業にしたい。

自分の力で勝負しつつ、日本の農業界にビックウエーブを起こしたい。

私が農家を始めたのは、そんな強い思いがありました。

「自分は、やりたいことを仕事にするために農家になった」

それだけ聞くとカッコイイですが、不安がなかったと言えば嘘になります。

農業関係の学校に通っていたわけでもないため、農家の知り合いなど誰もいません。周りの友人はみんな働き盛りの会社員でしたから、当時の私の心境をストレートに伝えることもできませんでした。

地域の農家とのつながりも一切なく、農家としてのプランも決まっていない。ないものずくめの状態でしたが、それでも私の心には「やってみよう」の精神があったのです。

「自分の力で勝負したい！」

「日本の農業の力になりたい！」

ただ、それだけの理由で私は農家になりました。

何かをはじめる理由など、きっとこのくらい漠然としていていいのです。

第3章

自分だけの看板を持つ

扱う商品の強みと弱みを見極める

どうすれば、日本の農業界にビックウエーブを起こせるだろうか。

仕事を辞めてからの1年間、私は実家の農園を手伝いながら考えていました。

なにか大きな波を起こさなければ、新たに農家を目指そうとする者も現れない。そう分かっていながら、どの野菜を作ればみんながワクワクするようなビジネスを展開できるのか迷っていたのです。


「よし、トマトを作ろう」

そう決めたのは、トマトがほかと比べて個性を出しやすい野菜と知ったからでした。

トマトの味は、5割が品種、残りの5割が作り手の技量で決まると言われています。

栽培方法や畑の状態、水を撒《ま》く量、肥料の種類……。同じ品種を使っても、工夫次第で味の違いを出せるところに、私は魅力を感じました。

見た目の艶や形という点でも、トマトは違いを表現しやすい野菜です。

「トマトの持ち味を引き出せば、世界でオンリーワンの商品を作れるかもしれない」
「スキルや経験を生かして、自分だけの農業ビジネスを展開できるかもしれない」
トマトの特性を知ったとき、私はそう考えていました。

それに、**競合との違いをアピールしやすいということは、直取引やネット通販などの農家が販売価格を決定できる販路で勝負がしやすい**ということでもあります。商品の魅力を正しく伝えられれば、安い価格設定を行わなくても購入してくれる方がいるはずだからです。

お話ししたとおり、私のような個人農家が、市場を経由する従来の販路だけで今以上の大きな利益を出すのは困難です。ですから私は「自分で野菜を作るなら、新しい販売先を開拓して、きちんと利益を得られる環境を整えよう」と考えていました。

トマトは、私が描く新たなビジネスモデルにぴったりな商品だったのです。

また、調べれば調べるほど「まだまだ新たな層を取り込める、ビジネスチャンスのある野菜だ」と感じられたのも、栽培の決め手でした。

トマトは「トマトが赤くなると医者が青くなる（トマトが旬な時期は医者の仕事が減って青ざめるという意味）」ということわざがあるほど、栄養価の高い食品です。消費者からの人気も高く、生産者の視点で見ても需要の高い野菜でした。

一方で、ネットの「嫌いな野菜ランキング」で毎年上位にランクインするほど、好き嫌いが分かれやすい野菜でもあります。

トマトが苦手。それはなぜか。

調べてみると、トマト嫌いな方の多くが「前に食べたトマトがおいしくなかった」という苦い経験を持っているようです。生産者によって味が変化しやすいからこそ、おいしいと感じるものとそうでないものの差が、ほかの野菜よりハッキリと感じられるのかもしれません。

しかし、おいしくないトマトがあるなら、おいしいと感じるトマトもあるはずです。

「多くの人がおいしいと感じる、日本一うまいトマトを作れたら、トマト嫌いの方たちもトマトを買ってくれるようになるかもしれない」と、私は考えました。

なにより、栄養価のあるうまいトマトを作って、多くの人に食べてもらえるようになれば、食を通じてみんなを元気にできます。会社員のときから「食で感動を与えたい」という思いを抱いていた私にとって、それは大切なことでした。

なにかを始めるのに明確な理由など必要ありません。

しかし、生産者や**起業家として事業を行う段階にたどり着いたなら、自分がその仕事をしている意義や理由を把握しておくのも重要**だと私は考えています。

強い思いは、仕事にやりがいを与えてくれます。

高い目標があれば、達成するためのモチベーションを維持することもできるでしょう。

日本一うまいトマトを作り、農業界にビックウエーブを起こす。

私にとってはそれが、トマト栽培を通じて目指すべき大きな目標でした。

地域の特性を把握して勝機をつかむ

農家をしていないとあまり意識しないことかもしれませんが、野菜は生きています。生き物なので日射量や気温、天候の影響を強く受けます。スーパーに行かれる方は分かると思いますが、でき過ぎてしまう年もあれば不足する年もあって、そのたびに価格が変動するのです。工場のように、人間が完璧に生産をコントロールすることはできません。農家をしていれば、人間の手には負えない不条理に遭遇することもある。これは、農業に参入する方がまず知っておくべき事実だと私は考えています。

ただ、農家が自然に対してまったくの無力というわけではありません。天候に応じて作業内容を変えたり、野菜に適した土を作ることで収穫量を上げたりと、知恵と工夫でコントロールできる部分もあります。ある意味、そこが農家の腕の見せどころであり、やりがいと言えるでしょう。

私も必ず1週間分の天気予報を頭に入れるようにしていて、「雨予報だから作業を前倒しにする」など、天候を加味して作業を行うようにしています。

自然は、人間の言うことなど聞いてくれません。

だからと言って、うまくいかないことをすべて自然のせいにしていては、対策できるものもできなくなります。土地の特徴を調べ、できるかぎりの策を講じることで、栽培環境はいかようにも改善していけるはずです。自分の考えた改善策によって、満足のいくおいしい野菜が作れるようになったときの嬉《うれ》しさは格別です。

また、地域の特性を知るのも、農業をする上で重要になります。

手島農園がある桶川という土地でいえば、埼玉の中東部に位置する平地のため、周りに大きな山や川、海がありません。大雨による水害や土砂崩れ、台風、津波といった自然災害の影響を受けるリスクが低い土地でもあり、農作物の栽培に適しているといえます。

江戸時代から、手島農園がこの地で150年以上農家を続けてこられたのは、もともと農作物が育てやすい環境が整っていたからかもしれません。

トマト栽培に関していうと、「日本一暑い街」として知られる熊谷の近くということもあってか日照時間が長く、長時間光を吸収できる環境にありました。その分、夏場は気温がかなり上昇するため、ビニールハウス内に遮光性の高いカーテンを引くなど、できる限りの対策を行うようにしています。

山や川のない平地に立つ手島農園

また、桶川市の近隣には、多くのトマト農家がいます。実は、近くの市は古くからトマトの産地で、県外でも有名な地域の特産品になっているのです。野菜に限らず、特産品は行政が全面的にバックアップをしていて、ＰＲ活動を行うイメージキャラクターがいる行政もあり、周辺一帯の一大産業となります。

すぐ隣が、有名なトマトの産地である――。

私はこのことを、トマト作りに取り組む前から知っていました。トマトは全国的にも特産となる地域やブランド化が多い野菜です。スーパーに出荷すれば、さまざまなトマトと一緒に並ぶことでしょう。

「競合が多い野菜だから、別のものを作ろう」

それも戦略です。ビジネスでは、勝ち目のない勝負を無理に挑む必要はありません。

しかし、私は「トマトはライバルが多いから、ほかの野菜を作ろう」と考えたことは一度もありませんでした。それどころか、他の生産者と一緒に盛り上げていこう、とすら思っていたのです。

営業力やブランディング力、ＰＲ力など、自分の持っているスキルを駆使すれば、ほかのトマトに埋もれない。きっと、個人農家でも特産品と対等に渡り合える。

そう考えていました。

最初のころは他のトマトに軍配が上がっていましたが、〈男気トマト〉が有名になった今となっては、全国の有名な特産品のトマトとも対等以上の勝負ができていると感じています。

自分の理想とするトマトで挑戦する。**ブレない芯を持ち、差別化できる販売戦略を突き詰めて考えていけば、強力なライバルにも勝てる道が見えてくるはずです。**

そのためにも、まずは相手と地域のことを知る努力が大切です。

個人経営の強みを生かす

近頃、メガファームと呼ばれる大規模な農業経営で成功している方のニュースを目にする機会が増えてきました。調べてみると、メガファームで成功している方の多くは、私のように脱サラをして農業に参入しているようです。つまり、ビジネス意識の高い方たちが農業に注目しはじめているというわけです。

では、手島農園もその流れに乗るのか。いいえ、私は**個人経営だからできる小回りの利いたビジネスもある**と考えています。

個人農家の強みは、生産者の思いを直接届けられるところにあります。ニーズのリサーチ、商品開発、プロモーション、営業など、**企業であれば部署をまたいで行う業務を一貫**

して行えるため、商品に込めた思いをブレることなくお客様の元へ届けられるのです。

企業として動いていると、なかなか同じようにはいきません。どの業界でもそうだと思いますが、従業員数が多く、規模の大きな企業ほど、トップの思いは伝わりにくくなります。伝達される過程で少しずつニュアンスが変化し、営業がお客様に伝えるときには違った内容になっている、ということが起こりうるからです。

それに、大企業であればあるほど、1つの事柄を決定するのに時間がかかります。新しいことを始めようとすれば、稟議書《りんぎしょ》を回し、関係部署のチェックを受け、はんこをもらわなくてはなりません。いいアイデアがあっても、その日のうちに実行に移すのは不可能です。

一方で、私のような個人経営者であれば「プロモーションに使えそうだからSNSを始めてみよう」「販路を拡大するためにネット通販を使ってみよう」と思いついた戦略をすぐに実行へ移せます。**環境の変化が速い現代では、スピード感を持って行動できる個人や中小企業のほうが有利な場面もある**のです。

とはいえ、大企業や有名ブランドと正面から勝負をしても勝ち目はありません。私が以前いた明治や、アサヒグループ、日清食品などの大手食品メーカーが新商品を出せば、すぐにネットニュースで取り上げられます。CMや新聞広告を出す資金力もあるので、大規模な宣伝ができるでしょう。

しかし、私が〈男気トマト〉を使った新商品を発売したところでニュースになるとは思えません。大企業と同じ数のお客様に商品を知ってもらうのは困難です。

では、どうやって戦っていくのか。

先ほど述べた強みを生かします。**生産者や社長が直接お客様に思いを発信する**のです。商品にかける思いや熱量は、会社の規模で決まるものではありません。資金力や知名度で勝てないとしても、思いの強さでは、同じ舞台に立って勝負ができるのです。お客様との距離が近く、小回りが利く分、個人や中小企業のほうが有利とさえ言えるでしょう。

特に今の時代、ホームページやSNSなどを活用すれば、企業の規模に関係なく発信を行えます。影響力があると判断されれば、テレビや雑誌などのマスメディアに取り上げてもらえることもあるでしょう。そうなれば知名度は一気に高まります。

大企業と同じプロモーションができないのなら、思いを発信して興味を持ってもらう。

それが現代社会における個人や中小企業の戦い方だと私は考えています。


また、お客様に情報を発信するには社長の営業力も重要になります。

社内にどれだけ優秀な営業担当がいたとしても、伝えるべき思いを社長が社内に伝達できなければ、お客様に伝わらないからです。

それに、十数人程度の小さい会社であれば、営業のトップが社長となり、一緒に客先を訪問することもあるでしょう。**小さい会社であるほど営業と社長の距離は近くなっていくため、社長の伝える力――営業力が必要になっていく**のです。

生産者や社長が営業力を身につければ、より魅力的な発信を行えるようになり、大企業と対等に勝負する土台を築くことができます。会社の規模が大きいほど、トップが直接発信するのは難しくなっていくため、逆に個人や中小企業なら営業力を磨くだけで優位に立つことができるのです。

目に見えて実感したブランド化の効果

これまで、私は〈男気トマト〉一本で勝負してきましたが、正直にお話しすると、就農当初はブランド戦略など一切考えていませんでした。会社員時代の経験上、ブランドの重要性は理解していましたが、「野菜にも本当にブランディングが必要なのか？」と半信半疑だったのです。

しかし、就農当初、スーパーの売り場に並んでいる手島農園のトマトを見てみると、違いが分かりにくく、ほかのトマトに埋もれてしまっているのが分かりました。

売り場で目立ち、お客様に気づいてもらうには、さらに魅力的な個性をアピールする必要がありました。オンリーワンのトマトを作る、という目標を実現するためにも、ブランド化は必須だったのです。

〈男気トマト〉の詳しいブランドストーリーは7章・8章でお話ししますが、端的に言えば、ブランドやロゴを作ったことで視認性が上がり、売り場でも存在感をアピールできるようになりました。狙いどおり、お客様に手に取ってもらえる機会が増えたのです。

ブランド化したことで、手島農園のトマトに対するイメージが固まったことも売り上げにつながりました。「〈男気トマト〉はトマトらしい味がする食べ応えのあるトマトだ」と感じてくださる方が増え、固定のお客様が付くようになったのです。

ブランドは確立させるまでが非常に難しいですが、一度軌道に乗せられれば、多くの方に商品を知ってもらえる強力な武器となります。

ブランドパワーを高めていけば、飲食店とのコラボや新商品の開発など、さらなるビジネスへ展開させることも夢ではありません。

「**価値を高めて、利益を生み出す農業をするには、ブランド化は必要不可欠である**」

今なら自信を持ってそう言えます。

社長ブランディングという考え方

「これって、手島さん本人が書いているんですか？」

ＳＮＳを始めてから、お客様にそう聞かれることが増えました。

見ていただくと分かりますが、私のＳＮＳでの投稿は、少しクセがあります。「あまりビジネスっぽくない」と言われることもありますが、そのとおりです。

私はＳＮＳでは、直接的な営業活動をしません。

今となっては、これこそが「手島農園のＳＮＳブランド」と言えるのかもしれませんが、このようなスタイルになったのは、お客様視点に立つという営業やマーケティングの考え方によるものでした。

「ＳＮＳで自分の投稿を読んでいる人は、どういうときに見ているんだろう」

あるときから、私はＳＮＳでつながっている人たちのことを考えるようになりました。

私の場合、休憩でくつろいでいるタイミングや、仕事終わりでゆっくりしているときに

SNSを見ます。ほかの方もそうなのだとしたら、堅苦しい文章でトマトのことを発信するより、くすっと笑えて癒される内容のほうがいいのではないか。そう考えたのです。

投稿から「なんかおもしろいな」と興味を持ってもらって、次も見てもらえたら。

ついでに〈男気トマト〉の存在も知ってもらえたら。

そんな思いもありつつ、私は今のスタイルで発信を始めました。


ただ、一貫して変えていないところもあります。

それは、**自分の伝えたいことと異なる内容を投稿しない**ということです。

SNSでのキャラクター性を維持するために、思ってもいないことを投稿していたら、情報発信という本来の目的からそれてしまいます。投稿は、あくまで私が言いたいことに表現的なアレンジを加えて、ユニークにしているだけなのです。

今では〈男気トマト〉のファンだけではなく、「手島さんのファンです」というお客様も増えてきています。〈男気トマト〉のブランド化ほど強く意識したわけではありませんが、意識的にSNSを運用したことで、結果として社長のキャラクターブランディングに成功していたのです。

トップの人柄や思いが共感を呼んで、商品が売れていく、というビジネススタイルを確立できれば、個人や中小企業でも大企業と戦っていけます。

商品のブランド価値と生産者のブランド価値が重なれば、ブランドパワーはさらに高まっていくはずです。

第4章

〝日本一〟の価値は作れる

8：2の法則でニーズを見極める

「シーズン外でも手島さん家《ち》のトマト食べたいんだけど、なんとかならない？」

以前、直売所で〈男気トマト〉の手売り販売を行っていたときに、お客様からこんなお言葉をいただいたことがありました。

手島農園の直売所では、本当においしいトマトだけをお客様に提供したいという思いから、収穫期の4～6月ごろまでの限定でトマトを販売しています。ところが、ありがたいことに「それ以外のシーズンも〈男気トマト〉を食べたい」という声をいくつもいただいたのです。

「なにかできることはないだろうか」

私は、どうにかしてお客様のニーズに応えようと考えました。

しかし、シーズン外に自分が味に納得のできる〈男気トマト〉を育てるのは難しいのが現状です。ある程度の温度管理ができるハウス栽培をしているとはいえ、日本の気候を考えるとどうしても作れないのです。

「トマトそのものを届けるのは難しいけれど、形を変えれば……」

そうして誕生したのが、手島農園の人気商品「男気トマトジュース」でした。


こだわったのは、味と飲みごたえです。

一般的なサラサラとしたトマトジュースでは〈男気トマト〉のトマト感を再現することはできません。トマトジュースはあくまで「〈男気トマト〉を提供できないシーズンに販売する商品」という位置づけだったため、飲んだ時に手島農園のトマトを感じられるよう、とことんこだわりました。

そのこだわりを実現できないのなら、どんなに需要があったとしても、トマトジュースは販売しないと決めていたほどです。（トマトジュースの開発にはいろいろと苦労した話があるのですが、詳しくは9章で……）


私のなかで、**こだわりとニーズのバランスは8：2**と決まっていました。

どんなにお客様からの要望があったとしても、手島農園のこだわりや〈男気トマト〉のイメージに反する商品は作らない。あくまで重視するのはものづくりの核となっている要素――〈男気トマト〉で言えば、トマト本来の味である、というのが私の信条です。

甘いトマトが食べたい、もっと酸っぱいトマトのほうが好き、小ぶりのトマトも欲しい……。すべてに答えていたら、結局、手島農園のトマトの強みがなんだったのか、分からなくなってしまいます。

ニーズに応えようとするあまり味のこだわりまでなくしてしまったら、〈男気トマト〉が好きな既存のお客様まで離れていってしまうかもしれません。野菜にかぎらず、**商品の核となっている「味」や「品質」といった要素を変えるのは、非常にリスクがあることなのです。**

ビジネスにおいて、ニーズを把握し、対応する商品や事業を展開するのは確かに重要です。しかし、ニーズにのみ意識が向いていると競合企業と類似した商品しか生み出せなくなり、いずれは埋もれてしまいます。なぜなら、多くのお客様は「○○なトマトを手島農園に作ってほしい」というニーズではなく、「手島農園の○○なトマトが食べたい」というニーズを持っているからです。

たとえば「とびきり甘いトマトを作ってほしい」というニーズは、どの農家にも当てはまります。もし近隣のトマト農家全体にこの要望が届いていて、すべての農家が対応したとしたら、スーパーには同じようなトマトしか並ばなくなってしまうでしょう。

似通った味のトマトが集まれば価格競争が発生し、結果として価格の安いものが多く売れていきます。よほど優れた販売戦略を持っていないかぎり「とびきり甘いトマト」というニーズに応えようとした商品は埋もれてしまうはずです。

ニーズというものは、すべてに応えていたらキリがありません。受け止めるものを慎重に見極めなければ、商品の価値やイメージを下げてしまうリスクすら秘めています。

ですから私は、核となるこだわりに従ってものづくりを行い、イメージから逸脱しない範囲のニーズにのみ応えるようにしています。

その割合が、**8のこだわりに対して2のニーズを入れる**ということなのです。

商品開発のヒントは、あらゆるところに隠されている

直売所でトマトの販売を行うときは、オープンからしばらくのあいだ店頭に立つようにしています。そうすることで、〈男気トマト〉を買いに来てくださったお客様と直接コミュニケーションが取れるからです。

「おいしかったから、また買いに来たよ」

「手島さん家のトマトは懐かしい味がするね」

「最近は暑いし、ジェラートとかも食べてみたいな」

会話を重ねていくと、時折、隠れたニーズがうかがえることがあります。

これらの情報を拾い上げて、商品に転換していけないだろうか。

私は常にそう考えながら、商品開発を行っています。**お客様からいただいた生の声を反映させることで、真のニーズに近い商品やサービスを提供できる**と考えているからです。

また、直取引をしているスーパーでも、声をかけていただいた際はできるだけコミュニ

ケーションを取るようにしています。SNSやメディアで私のことを知った方が「このあいだテレビで見たよ」「いつも買ってるよ」など話しかけてくれることがあるのです。

　このような方たちとお話ししていると、日頃から〈男気トマト〉を食べているお客様の潜在的なニーズやリアルな感想を知ることができます。

　SNSやメールマガジンでアンケート調査を行い、ニーズの把握に努めている企業もありますが、個人的には**ネットの声より「買ってくださるお客様の生の声」のほうが大切だ**、と考えています。

　わざわざ時間をかけて、桶川の直売所まで買いに来てくださるお客様は貴重です。なかには、近所のスーパーで購入できるのに、直接買いに来てくださる近隣のお客様もいます。また驚くことに、県外からも多くのお客様が買いに来てくださるのです。

遠方から手島農園の直売所に足を運ぶ方々

　もちろん、良い意見ばかりいただけるとは限りません。

「去年と比べて、今年はちょっと味が薄かったよね」
「雨の日が多かったからかな、味が……」
対面で会話をしていれば、このようなマイナスの意見をいただくこともあります。ですが、ご指摘をいただけるということは、それほど〈男気トマト〉のことを好きでいてくれているということ。味の違いが分かるほど、何年も購入してくださっているということです。

良くない意見があると反射的に身構えてしまいがちですが、ほとんどのお客様は悪意があって言っているわけではありません。ネガティブな気持ちを持たず、真摯《しんし》に話を聞けば、お客様が感じているリアルな思いを知ることができます。

厳しい意見をいただいたときほど、落ち込まずに感謝する。

そうすることで、次の栽培に生かせるヒントが見つかる、と私は考えています。

プラスの意見にもマイナスの意見にもニーズは隠されています。

お客様の声を直接聞き、会話からニーズを拾い上げてビジネスに展開する。

それが、私なりの商品開発の進め方です。

考えぬくことで見つかる日本一の価値

〈男気トマト〉をアピールするときのポイントとして、「無かん水栽培で育てている」というものがあります（詳細は88ページ）。これは大きな商品価値のひとつです。

しかし、私は最初から「ほかにはない価値を付けるために、無かん水栽培でトマトを作ってみよう」と考えていたわけではありませんでした。

どちらかと言えば、無かん水栽培はおいしいトマトを育てるための手段。日本一うまいトマトを作りたい、という思いを実現するために必要だと判断したから挑戦したに過ぎないのです。

日本一うまいトマトを作る。

トマト栽培を始めるきっかけとなったこの目標は、結果として手島農園のトマトに「無かん水栽培」という独自の価値を与えることになりました。

戦略として生産者が意図的に付ける価値もあると思いますが、私は経験上、**商品の価値は考えぬくことで自然と生まれていくもの**だと考えています。

人間の脳はよくできていて、頭のなかで目標やビジョンを強く描いて、「どうしたら目標を達成できるのか」と四六時中考え続けていると、なんらかの解決方法を思いつこうとします。その過程に、商品の価値となる要素がいくつも存在しているのです。

私がトマトの栽培方法に悩んだときも、「絶対に日本一うまいトマト作りたい」という目標をもとに考え続けた結果、いくつかの手段にたどり着きました。そのなかのひとつが無かん水栽培であり、結果として〈男気トマト〉の味を支える「価値」になっていったのです。

そのため、商品に「オンリーワンの価値」を見いだしたい方は、どんなにニッチなことでもいいので、**自分が持っているスキルや知識で勝負できるところを見つけて、「日本一**

になる」という目標を立ててみるといいかもしれません。

たとえば、接客業なら「日本一配膳の所作が美しい接客をする」とか、文具を作っているなら「日本一書きやすいボールペンを作る」とか、果実栽培をしているなら「日本一甘いグレープフルーツを作る」とか、どんなことでもいいのです。

大切なのは、目指す場所を決めることです。

目標が定まったら、実現に必要な手段を全力で考えていく。

そうすれば、おのずと自分だけの価値が見つかっていくはずです。

日本一になるのに、会社の規模や実績は関係ありません。

日本一は、作れるのです。

価値を価格に転換する

私がトマト栽培を始めたばかりのころ、手島農園のトマトはスーパーの野菜売り場に陳列されているトマトの1つでしかありませんでした。〈男気トマト〉という名前もついておらず、今よりずっと安い価格で販売されていたのです。

しかし、ブランド化をして戦略的に価値を高めていった結果、〈男気トマト〉は十分な利益を出せる価格で販売できるようになりました。

現在は、通販だと1kg当たり1500円で販売しています。卸価格の相場が1kg当たりだいたい300円のため、約5倍の価格です。

1500円という価格を高いと感じるか安いと感じるかは人それぞれですが、私はこの価格が妥当だと考えています。**なぜなら、一般的な相場に対して、自分のトマトの品質・価値はどれくらいなのかを突き詰めた価格設定だから**です。

ビジネスで利益を得るには、適切な価格設定が必要です。

利益率を上げようと、むやみに高い価格を設定しても売れるはずがありません。

しかし、競合農家より低い価格を設定して数を売ろうとするビジネスは、中小農家には向きません。生産コストとの兼ね合いで十分な利益を得るのが難しいからです。

そのため私は「相場に対する〈男気トマト〉の価値」を考えることにしました。そして、市場で販売されているトマトや類似した展開を行っているトマトの価格を徹底的に調べたのです。

今はインターネットにあらゆる情報が載っているので、その気になればすぐにライバルのビジネスを知ることができます。トマトのブランディングを行っている生産者がいれば、その方のこだわりやトマトの味についても調査しました。

「これらの競合農家と比べて、〈男気トマト〉にはいくらの価値があるのだろう」

トマトの価格について調べ尽くしたあと、私は改めて考えました。**品質やブランド価値も含めて、いくらで販売すれば競合農家と勝負していけるのか**を計算していったのです。

その結果が、１kg当たり１５００円という価格でした。

商品の価値をしっかりと伝えて、お客様に「価格に見合う価値がある」と判断してもらえれば、農家は相場よりもずっと高い価格で勝負していけます。

利益率を意識した強気なビジネスを展開することも夢ではないのです。

オンリーワンの価値を充実させる

手島農園がある埼玉県の中東部では、地域ブランドのトマトが広く栽培されています。地域の特産品ともなると、取り組んでいる生産者の数は個人農家の数十倍。行政がバックアップしているため、広告や宣伝にかけられる費用も桁外れでしょう。

しかし、現在の〈男気トマト〉の知名度や売れ行きを考えると、たった1人で野菜を作ったとしても、戦略次第では地域の特産品と十分に渡り合えると感じています。

その理由はなぜか。〈男気トマト〉だけが持っている**オンリーワンの価値を追求して発信し、販売に生かしている**からです。

このような、競合他社にはない独自の価値を発信して商品を売る手法を「オンリーワン戦略」と言いますが、中小企業や個人経営者ほどこの戦略をとるべきだと考えています。

よほど有名なブランドを持っていないかぎり、個人農家が資金力で企業や行政にかなうはずがありません。生産規模や宣伝コストで勝負をしても、勝てる見込みはほとんどないでしょう。しかし、商品が持つ価値だけは違います。

商品の価値は、資金力や生産数、生産者の規模などで決まるものではありません。「無かん水栽培で作っている」「トマトらしい味わいがする」「有機肥料を使っている」といった数の多さだけで評価が決まるわけでもありません。

つまり、個人農家が1人で作っている商品と、地域ブランドや特産品などの何十人・何百人の生産者が作っている商品は、価値という評価基準では平等な位置からスタートできるのです。重要なのは、価値の中身です。**中身を充実させて、トマトが好きな方たちにしっかりと伝えることができれば、企業の規模にかかわらず勝負ができる。**

そう考えて、私は〈男気トマト〉の価値を磨いてきました。

では、手島農園は実際にどのようなことをしてきたのか。

まずは、公式ホームページに〈男気トマト〉のイメージを大きくアピールするようにしました。見ていただくと分かると思いますが、「男気トマトとは何なのか」「何がオンリーワンなのか」など、私が伝えたい思いがひと目で分かるようにしてあります。

また、3章でお話しした社長ブランディングも、商品の価値を充実させる方法のひとつです。「生産者である私は、どういうトマト作りを目指しているのか」を伝えることで、商品に親近感や興味を抱いてもらえます。

SNSを使って情報発信を行えば、全世界に商品の価値をアピールできるでしょう。

商品が持つ価値を充実させて、オンリーワンのものにしていく。そうして個性を尖《とが》らせていけば、個人や中小企業でもビジネスを有利に進めていけるはずです。

このようにオンリーワン戦略は、個人や少人数で事業を行っている方でも伝え方次第でどんな企業とも戦っていける、強力なビジネスモデルなのです。

第5章

日本一の トマトを〝作る〟

トマトらしい味を求め、トマトのルーツを探る

ひと昔前まで、トマトといえば酸味をしっかりと感じられる大玉トマトが一般的でしたが、近年はミニトマトや果物のように甘いフルーツトマトが主流になってきています。

私がトマトを作りはじめた2012年ごろには、すでにこれらのトマトが人気を集めていて「これからトマトでビジネスをするならミニトマトかフルーツトマトだろう」という空気がうっすら流れていました。

しかし、私が作りたかったのはただ甘いトマトではなく、うまいトマトです。「日本一うまいトマトを作る」という思いを胸に、私はトマト作りに臨んだのです。

ところが、1年目のトマト栽培は大失敗に終わりました。

ビニールハウスのビニールを張り替える際に雨が降ってきてしまい、トマトを育てている畑に大量の水が入ってしまったのです。

トマトは水分管理が重要な野菜です。水をあげる量によって味わいに変化が生まれるの

ですが、最初の年は想定以上の水が畑に染み込んでしまい、たいそう水っぽいトマトができてしまいました。

おかげで、お客様からは「大味すぎる」と厳しい意見をいただく始末……。

スーパーでも手島農園のトマトばかりが売れ残ってしまい、本当に悔しい思いをしました。


「どうしたら、うまいトマトが作れるだろう」

私はトマト栽培に関する本を何冊も読み、次の年に向けて栽培方法の研究をしました。

すると、あるとき「トマト栽培に水は必要ない」と書かれている本を見つけたのです。

これが、手島農園のトマトの味を決める運命の出会いになりました。


トマトのルーツは、南米のアンデス地方にあると言われています。

高原地帯であるアンデス地方では、1年を通じてほとんど雨が降りません。日差しが強く乾燥した土地で、トマトは数千年ものあいだ自生し続けてきました。つまり、本来トマトは、人間が水をあげなくても成長する野菜なのです。

「それなら、故郷のアンデスに近い環境で栽培すれば、本来の味わいを楽しめるトマトを作れるのではないだろうか」

水を一切使わない無かん水栽培に挑戦したのは、畑を少しでもアンデス地方に近い環境にしようと考えたからでした。


トマト栽培に失敗した翌年の、2013年。

畑の一角を使って、私はトマトの無かん水栽培にチャレンジしてみることにしました。**周りの農家からは「できるはずがない」と反対意見も出ましたが、私はいつもの「やってみなければ分からない」**という精神で無かん水栽培を決行。結果として、程よい甘さと酸味の残る、昔ながらの味わいの「本物のトマト」を作ることができました。

販売してみると、お客様からの反応も好評です。

「これはいける！」

私は手ごたえを感じました。

そうして私は、次のシーズンからビニールハウスまるまる1棟を使って、全面無かん水栽培でトマトを作りはじめたのです。

有機肥料へのこだわり

うま味の強いトマトを作るため、手島農園は現在も肥料の調整を続け、有機肥料にこだわって味の研究を続けています。ですが、栽培開始から3年くらいのあいだは、私も安価で生育効果の高い化成肥料を使っていました。

化成肥料は、少量で作物の実りを改善できるコストパフォーマンスのいい肥料です。とにかくたくさん野菜を作りたいときにはぴったりでしょう。ただ一方で、味の品質を追求するにはやや不向きな肥料でもありました。

そこで翌年からは、成分バランスがよく、味の改善も見込める鶏ふん系の肥料を採用してみることにしました。

しかし、目指している「うまいトマト」とはなんだか違います。

さらに良い肥料はないかと研究を重ねた結果、うま味を引き出すには魚粉系の有機肥料がいいと知り、今度は全面的に肥料を魚粉系に切り替えました。私たち人間が、かつお節やサンマなどの魚に「うま味」を強く感じるように、魚粉系の肥料を野菜にあげると野菜のうま味も強くなるのです。

現在は、トマトのうま味をさらに引き出す配合を目指して、魚粉系の肥料に蟹《かに》ガラや海藻、昆布などを混ぜる実験も行っています。あまりほかの農家の方からは聞かない組み合わせですが、どの配合バランスが〈男気トマト〉に合っているのかは、実際にやってみなくては分かりません。

少しでもうまいトマトが作れるよう、手島農園では毎年改善の努力を続けています。

また、魚粉系の有機肥料は化成肥料と比べるとコストがかかりますが、「日本一うまいトマト」を作るために必要な経費のため、削ってはいけない部分だと考えています。**ブランド野菜として販売している以上、手島農園が重視すべきなのは価格ではなく、品質や味**

といった価値の部分だからです。

ビジネスで成功するには、常にコスト削減の意識を持つことが求められます。

しかし、必要なコストまで削ってしまっては品質や効率が落ちてしまい、かえって利益率を下げてしまうリスクもあります。

事業で利益を出し、継続して経営を行っていくには、長期的に見て、どちらが商品にとって良いのかを見極める力も必要なのです。

ロスの削減が利益をもたらす

無かん水栽培に成功したことで、手島農園のトマトの評判は一気に高まりました。

ただ、水を一切与えない栽培方法を採用したことで、新たな課題も生まれました。

それは、収穫量と利益の問題です。

一般的に野菜は、水と肥料を与えれば収穫量が多くなります。

トマトの場合は、毎日水をあげる方がいたり、2週間に1回しかあげない方がいたりと農家によってまちまちですが、一切水をあげない無かん水栽培で育てている方は、私の知るかぎりいませんでした。


ワンシーズンにたくさんの野菜が採れれば、それだけ販売できる量も多くなり、利益を得やすくなります。大量生産・大量販売のビジネスモデルを採用している農家はまさに「量」を重視していて、見た目のいい野菜をとにかくたくさん作って売ることで利益を得ていました。

しかし、水をあげずに作っている手島農園のトマトは収穫量が限られていて、「たくさん作って売る」というビジネスモデルは採用できません。必然的に、価値を高めて高単価で販売するビジネスへ舵《かじ》を切ることになったのです。

同時に、ロスを削減して秀品率を上げる努力も行いました。

水をあげて収穫量を高めるのではなく、今作れるトマトのなかで販売できるクオリティーのものを増やしていこう、と考えたのです。

栽培をしているとどうしても、割れて販売できないトマトがでてきてしまったり、栽培途中で実が潰《つぶ》れてしまったりすることがあります。当然、これらのトマトは販売できません。せっかくトマトを作っても、販売できないモノの割合が多くなってしまえば、収益としてはマイナスになってしまいます。

無かん水栽培で育てたトマト

どうにか改善しなければ。そう考えた私は、地面をなるべく乾かしてからトマトの苗を植える手法を採用してみることにしました。地面に含まれている水分が多い状態で苗を植えると、トマトの木が元気になりすぎてしまって、「乱形果」という、いびつな形のトマトが実るリスクが高まるからです。

木の成長を抑えるためにも、しっかりと地面を乾燥させて、アンデス地方の気候に近い状態で栽培する必要がありました。

実際に取り組んでみると、乱形果のトマトは減少。肥料の研究を続けたおかげもあり、販売できるトマトの比率は少しずつ上がっていきました。

会社の利益を確保するには、ロスを減らす努力をすることも重要です。

特に野菜や果物といった「生き物」を相手にする農業は、ほかの産業と比べてロスの比率が高くなる傾向にあります。

単に商品価値を高めるだけではなく、できるかぎりの努力をして秀品率を上げ、販売できる商品を増やしていく。

そうすることで、利益率も自然と高まっていくはずです。

第6章

逆境を〝価値〟に変える

自然を相手にするビジネス

トマト栽培が軌道に乗りはじめた2014年2月、関東全域を大雪が襲いました。東京では、約20年ぶりに積雪が20㎝を超えたと報道され、手島農園の周辺でも40㎝以上もの雪が積もりました。

普段から雪に慣れている東北や日本海側の地域とは違い、手島農園がある埼玉県中東部は滅多に雪が降らない地域です。雪に対する備えも貧弱で、私も含め近隣の農家は甚大な被害を受けることになりました。

夜通し降り注いだ雪は、明け方、雨へ変わりました。

水を含んだ雪は一気に重くなります。

「ビニールハウスは大丈夫だろうか」

私は、ビニールハウスの上に高く積もっているであろう雪が心配でした。

夜が明けて外を見に行くと、案の定、ビニールハウスの上には大量の雪が積もっていました。ハウスの背は高く、1人で雪を降ろすのはかなり難しそうです。

「久々に降ったなあ」

大雪がもたらした被害に驚いていると、突然、横でドドドッと大きな音がしました。

「これはまずい！」

そう思っても、何もできません。

大雪の影響で倒壊したビニールハウス

父がキュウリを育てていたビニールハウスは、私の目の前でぺしゃん！　と潰れてしまったのです。

ビニールハウスはかまぼこ型の棟がいくつも重なってできていたので、くぼみにたまった雪の重みにビニールや骨組みが耐えきれず、一気に倒壊してしまったのでした。

一歩間違えば、自分もハウスの中で潰されていたかもしれないのですが、そのときは目の前で起きた出来事がショックで仕方がありませんでした。

見ると、周りの農家のビニールハウスもほとんどが雪で潰されてしまっています。

「どのハウスも、昨日までは普通に立っていたのに……」

現実とは思えない光景に、私は茫然《ぼうぜん》と立ち尽くしてしまいました。

しかも、ビニールハウスが倒壊したのは、ようやくキュウリの収穫が始まった翌日。作物はすべて雪でやられてしまったため、そのシーズンはたった1日しか市場に出荷できませんでした。

幸い、私がトマトを育てていたビニールハウスは無事でしたが、そのままにしておくと倒壊の危険があったため、ビニールを破いて雪を落とすことになりました。

損失額は約500万円。壊れたビニールハウスの再建費用も併せると、被害額は途方もない金額に及んだのです。

ピンチをチャンスに変える思考

大雪によってビニールハウスの1棟が使用不可となり、手島農園は生産面でも大打撃を受けました。しかし、このことは私にとってチャンスでもありました。

キュウリの栽培をやめて、トマトの栽培面積を増やすきっかけとなったからです。

父がずっと作り続けてきたキュウリをやめようと考えたのは、市場経由の販売を続けていたこともあり、収益率と生産コストのバランスがあまり良くなかったからでした。私が作っていたトマトと比べると、どうしてもキュウリの単価が低かったのです。

夜間もハウス内の温度を適切に保つ必要があるため、冬場は保温のための重油代がかなりかかります。そこまでコストをかけて生産しても今以上の大きな利益を得るのは難しい、という現状を私は変えたいと考えていました。

父が手掛けているキュウリ栽培を残す道はないのか。いろいろ考えましたが、あまり良い方法は見つかりませんでした。

販売方法を直取引や通販に切り替えれば単価は上がりますが、いきなり売れるとはかぎりません。そもそもキュウリは味や品質に個性を出しても、単価を数倍に増やすのが難しい野菜のため、私が得意なブランドビジネスにはあまり向かないと思ったからです。

総合的に見ると、トマトの生産量を増やしたほうが利益につながるのは確かでした。

父も高齢で、体力的な問題があったことも相まって、手島農園は経営方針を変更することとなったのです。


これまで続けてきたことを変えるには、勇気が必要です。

ビニールハウスの倒壊という大きな事件が起きなければ、手島農園は現在も父が市場経由のビジネスを行い、私が直取引を中心とした販売を行う、という2形態の経営を続けていたことでしょう。

大雪がもたらした被害は甚大でしたが、**私にとっては、方向性をクリアにして地に足のついた農園経営を始めるチャンス**でもありました。

ピンチのときこそ、新しい何かが生まれるチャンスである。

私はこの言葉を信じて、手島農園をトマト農家へ変えていったのです。

ハウスの倒壊から学んだ設備投資の重要性

大雪によって、関東近郊の農家で相次いでビニールハウスの倒壊が発生したため、再建にはかなりの時間がかかりました。近隣農家からの注文が殺到していて、何カ月も工事待ちの状態が続いたのです。

ようやく新しいビニールハウスが完成したころには、1年半の年月が過ぎていました。

再建時にとにかく意識したのは、耐震構造です。

同じような悲劇を起こさないため、通常のビニールハウスより骨組みを1本増やして、強度を補強してもらうようにしました。

また、「せっかく建て直すのなら……」と以前よりビニールハウスの背を高くし、ハウ

ビニールハウス内の空気を循環させる大型扇風機

ス内の温度を下げる試みも行いました。地球温暖化の影響もあって、年々ハウス内の温度が上がってきているのを感じていたからです。

再建当時と今を比較しても、ハウス内の温度は2～3度違います。トマト栽培において日差しは重要ですが、高温が続くと、暑さで実が柔らかくなりすぎてしまう恐れがあるため、少しでも温度の上昇を抑える必要があったのです。

ハウス内に遮光と保温兼用のカーテンを設置したり、空気を循環させるために扇風機を取りつけたりと、夏場・冬場を問わず、トマト栽培に適した温度を保つ工夫をいくつも施しました。

栽培環境を整えることで、栽培時に発生するロスをできるだけ減らし、販売できるトマトの数を増やしていこうとしたのです。

加えて、新しいビニールハウスでは、農薬散布をなるべく減らすことも意識しました。

食品ですから、農薬を使わずに済むのならそれに越したことはありません。

しかし、昔からおいしい野菜ほど虫が寄ってくるというもの。こだわりと技術を持って無農薬で栽培している農家の方もいますが、さまざまな要素を勘案すると、手島農園で無農薬栽培を行うのはあまり現実的ではありませんでした。栽培時のロスを削減するためにも多少の散布は必要だったのです。

それでも、できるだけ散布する回数を減らせるよう、新しいビニールハウスでは周り一面に防虫ネットを張り巡らせ、なるべく虫が入ってこない環境を作りました。

現在は最大限農薬の使用は控えるように工夫しております。

温度管理のための電気代や重油代、農薬代、ビニールハウスの施工費など、トマト栽培にはさまざまなコストがかかっていますが、**肥料と同じく、かけるところにはきちんとコストをかけて維持すべき**、と私は考えています。

特にビニールハウスなどの金額の大きなものは、少しでも安く済ませたいという心理が働きがちです。国から補助や支援を受けられたとしても、多額な再建費用は個人農家にとって大きすぎます。安くて品質に優れたものがあるのなら、私でもそちらを選ぶでしょう。

しかし、目先の利益だけを考えて、材料費の安いビニールハウスを建設したとしても、耐用年数が短ければ意味がありません。

機材や設備などの金額が大きいものほど、長期的に見たときの運用コストやメリットが大きい方を選ぶべきなのです。

ブランド化で確実に販売率を伸ばす

ビニールハウスの再建が完了すると、手島農園で栽培できるトマトの量はちょうど2倍になりました。

必要に駆られて行った設備投資でしたが、このことがきっかけで、手島農園のトマトは〈男気トマト〉というブランドトマトに生まれ変わることとなったのです。

生産量を増やしたのなら、その分の需要や消費を呼びかけなければ、商品は売れ残ってしまいます。ビニールハウスが倒壊した２０１４年ごろから、手島農園のトマトは評価されつつありましたが、倍に増えたトマトをすべて販売するには限界がありました。

多くのお客様に手島農園のトマトを知ってもらい、生産量と需要のバランスを取るためには、今よりもっとトマトを目立たせる取り組みが必要だったのです。

口コミなどでじわじわと評判が広がり、時間をかけて人気商品になっていくケースも多々ありますが、手島農園の場合はこの年から急に2倍のトマトができてしまうため、人気が伸びていくのを待っている余裕はありません。

利益を出すには、インパクトのある方法で一気に販売力を上げるしかありませんでした。

農業の世界では、現在も「作れば売れる」という考え方が浸透していて、余っている土地を活用して設備投資を行い、どんどん生産量を増やしていく方も少なくありません。大量に実った野菜を見てから、「じゃあどうやって売ろうか?」とビジネスに展開していくパターンも聞くことがあります。

それもひとつのビジネススタイルです。市場を経由すれば、大量の野菜を出荷して、利益を出すことも可能でしょう。

ただ、よりシビアに高い利益率を追求していくのであれば、計画的に戦略を立てていくことも必要だ、と私は考えます。

特に手島農園の場合はすでにトマトの直取引を行っていたこともあって、今から市場経由のビジネスを行うという選択肢は考えていませんでした。

生産と需要は、常に車の両輪のような関係にあります。

生産量を増やそうとするなら、「どうやって売るのか」もセットで考えなくてはいけません。バランスを取って経営していかなければ、利益を出すことはできないからです。

では、どうバランスを取ろうか。

生産量を増やした〈男気トマト〉の需要を促す方法が、ブランド化でした。

第7章

ブランドを〝作る〟

ブランド名からイメージされる商品像

ブランディングをするにあたり、必要となったのがブランド名です。トマトの魅力をアピールできる名前にしようといくつか候補を考えてみましたが、どうにもピンときません。自分らしくない、自分らしさとはなんだろうと考え込むこととなり、ブランドの命名は難航しました。

では、そこからどのように〈男気トマト〉という名前にたどり着いたのか。きっかけは、かつて私を明治から送りだしてくれた会社の仲間たちの言葉でした。

退社の際、会社の同僚たちは私に一着の服を贈ってくれました。はなむけとして、こっそりオリジナルの作業着を作ってくれていたのです。背中には、「気合　真心　愛情　男気やさい　手島孝明」という刺繍《ししゅう》がしてありました。

これこそが自分を象徴するワードであり、手島農園のブランドにふさわしいのではないか。ブランド名に悩んでいた私は、彼らがくれた服を思い出してハッとしました。

自分のイメージというのは、自分自身ではよく分からないものです。

私も自分のことを「男気がある人間だ！」と思ったことはありませんでしたが、10年以上付き合いのある仲間たちが口をそろえて言うのだからそうなのでしょう。トマトの特性より、自分を表現できる言葉をブランド名に入れようと考え直し、私はブランド名に「男気」を入れることにしました。

職場の同僚たちが贈ってくれた作業着

そこに、農業の相棒であるトマトをくっつけて、〈男気トマト〉というブランドは誕生したのです。

今となっては、お客様から「手島さんらしいですね」と言ってもらえることも多くなり、手島孝明といえば〈男気トマト〉の人、というイメージがついてきました。
もしあのまま自分で名前をつけていたら、手島農園のトマトや私個人のイメージとギャップが生まれていたかもしれません。おそらく、今ほどブランドが広まることもなかったでしょう。

すでにお話ししたように、ものを売るには、商品そのもののブランディングや社長のブランディングが重要になります。

しかし、**こういうイメージで見てほしいという生産者のイメージをぶつけるだけでは、うまくいくとは思えません。**昔ながらの味わいを重視したトマトを作っているのに、「若者ウケを意識したい」という生産者の思いを優先しておしゃれな横文字の名前をつけても、商品の魅力は伝わらないでしょう。それよりは、客観的に商品を見つめ「この商品・この生産者だから〈男気トマト〉なんだ」とお客様に納得してもらえる名前をつけたほうが、効果が見込めるはずです。

このような考えから、私は**〈男気トマト〉のロゴマークを作るときも、客観的な視点の力を頼ることにしました。**ブランド名やコンセプトを伝えた上で、デザイナーにデザインを一任したのです。

デザイナーの彼とは明治で働いていたころから付き合いがあったため、私の性格や気質を知った上でロゴマークに反映してくれるだろう、という信頼もありました。

袋に印刷しているこだわりのロゴマーク

そうして出来上がったのが、ゴツゴツとした手が「男」と書かれたトマトを握っている、現在のロゴマークです。

今見ても、〈男気トマト〉と生産者の「男気」の両方を表したインパクトのあるロゴになっているのではないかと思います。

商品を手に取るのは、生産者ではなくお客様です。

ブランドを作るのは、数ある商品のなかからお客様に興味を持ってもらうためです。

そのためには、自社の商品だけではなく、自分自身でさえも客観的に見つめる努力が必要になります。

常にお客様の視点に立ち、客観的な意見を尊重する。

ブランディングにおいては、そんな意識も重要だと私は考えています。

ブランドストーリーを意識する

〈男気トマト〉のお客様を増やすため、特に意識していたのが、**ブランドにストーリーを持たせる**ということです。

お客様が感動するポイントには、食べたときのおいしさだけではなく、その商品が誕生したきっかけや経緯、開発エピソードなどが含まれています。

私の場合、30代で脱サラをして農業に挑戦したこと、「日本一うまいトマトを作る」という思いでトマト栽培に臨んでいること、無かん水栽培に成功したこと、大雪でビニールハウスが倒壊したこと、仲間の言葉がきっかけでブランド名が誕生したことなど、すべてが〈男気トマト〉のブランドストーリーになります。

これらのストーリーを積極的に発信することで、お客様に〈男気トマト〉の魅力を感じてもらい、愛着や親しみを感じてもらおうと考えたのです。

スーパーで複数のトマトが並んでいたとき、**購入の決め手となるのは「味」もしくは「商品に対する親近感」**です。店頭のポップなどで、地元で作られている商品だと分かると、不思議と「買って応援したい」という気持ちが湧く方も多いのではないでしょうか。

これこそが、ブランドストーリーの力です。

商品の背景を伝え、親しみを感じてもらうことで、より多くのお客様に商品を手に取ってもらえるようになるのです。

この手法は「ストーリーブランディング」とも呼ばれていて、大手企業の販売戦略にも活用されています。企業のホームページに社史や自社ブランドの歴史が掲載されているのは、ブランディングの側面もあるのです。

たとえば有名なメーカーやブランド商品だと、会社の歴史や商品のストーリー、もしくは創業者の思いが人の心を大きく動かして１つの物語となり、書籍や映画になるケースがあります。

また身近なところでいえば、旅行先で観光地を探すときに、「歴史的な・何か物語のある場所」をまず調べる方も多いでしょう。それほど、ストーリーには人の心を動かす大きな力があるのです。

もちろん、ストーリーブランディングを取り入れたからといって、今すぐに何倍にも効果が得られる、というケースは少ないでしょう。しかし、そのストーリーが購入を後押しするほどの強い思いを持っているのならば、**1年、2年、3年と時間が経《た》つにつれて、徐々に効果が表れていく**はずです。

とはいえ、かくいう私も〈男気トマト〉を作った当初は、そこまでブランドストーリーを意識していませんでした。私にとっては重要なことですが、トマトの味が好きで買ってくださっているお客様にはどうでもいい話だと考えていたからです。

しかし、SNSで発信を行っていると、次第に「どうして〈男気トマト〉という名前なんですか?」という質問のコメントが飛んでくるようになりました。

そこで、思い切って〈男気トマト〉が誕生したきっかけをSNSに投稿したところ、予想以上の反響があり、積極的にブランドストーリーを打ち出すようになったのです。

ブランドの歴史を発信することで、商品に興味を持ってもらう。
いま目の前にある商品が、どのように完成したのかを知ってもらう。

それは、商品の魅力を知ってもらい、よりブランドを好きになってもらうために重要なことでした。

また、ストーリーを知ってもらった上で購入いただくと、商品が届いて開封する瞬間の感動もよりいっそう増して、お客様のストーリーにもなると、私は考えています。

商品が届いたときの感動、その重要性は9章で詳しく書いていますが、ストーリーを伝えること、そしてお客様と真摯《しんし》に向き合うこと。この2つが伝わると、強いファンとして味方になってくれることでしょう。

事業への信念や商品開発のエピソードは、「誰かとまったく同じストーリー」にはなりません。近い商品があったとしても、その動機や環境は違うはずだからです。つまり、どんな商品もオンリーワンの存在になり得るのです。

本書のタイトルでもある『人に届く　オンリーワン ブランド』のなかでも重要な、「オンリーワン」の要素で、経営者もしくは起業を考えている方が今すぐに取り入れられる要素の1つではないでしょうか。

ブランドの価値を守る重要性

ビニールハウスの再建によってトマトの生産量を2倍に増やし、さらに〈男気トマト〉

というブランドを作ったことで、手島農園の売り上げは2倍になりました。ブランド価値を高めたことでほかのトマトとの違いをアピールしやすくなり、〈男気トマト〉を見つけてくださるお客様が一気に増えたのです。

一方で、新たに気を付けなくてはならないことも出てきました。

それは、**ブランドイメージを毀損《きそん》しないか、**ということです。

ブランドを作るまでは、「手島農園のトマトをどうやって売っていくのか」が主な課題でした。言ってしまえば、失うものがない状態だったので、無かん水栽培に挑戦してみたり、肥料を変えてみたりと、アクティブに動ける場面も多かったのです。

ところが、〈男気トマト〉のブランドイメージが広まっていくにつれて、「これから行う取り組みや新たに販売する商品は、〈男気トマト〉のイメージを傷つけないだろうか」と考える機会が増えました。

今では「名前に『男気』ってついているけど、なんか思っていたのと違うな」といった印象を与えないよう、慎重に商品開発等を行うようにしています。

多くの方に手に取っていただける商品になったからこそ、これからはお客様がイメージする〈男気トマト〉の価値を守っていかなくてはいけません。**売れるからといって、どんな商品にもブランド名やロゴマークを入れれば良いわけではない**のです。

無論、男気ブランドに対する期待が足かせになっているようなことはまったくなく、「〈男気トマト〉を好きでいてくれる方たちを、どうやってもっと感動させていこう」とワクワクしながら、日々トマトを作っています。

男気ブランドの挑戦は、まだまだ始まったばかりなのです。

第8章

人に届けて〝ブランド〟は成立する

ＳＮＳでブランドパワーを上げる

ブランドは、作ることよりも確立させることのほうがはるかに難しい。

２０１６年に完成した〈男気トマト〉も、ブランドパワーの拡大を実感したのは２０２０年ごろでした。およそ４年の月日がかかっていますが、それでも〈男気トマト〉は運が良いほうだと思います。現代では、誰でもタダで情報発信を行えるからです。

男気ブランドを作った後、まっさきに取り組んだのがホームページの作成でした。

インターネットで検索すればあらゆる情報が手に入る時代において、「ホームページを持たない」という選択肢は私のなかにありませんでした。多くの方に〈男気トマト〉のブランドストーリーや手島農園がトマト作りにかける思いをまとめて発信するには、ホームページしかない、と考えていたからです。

インターネット上にアクセスできる窓口を作る。

それは、男気ブランドを確立するための最初の一歩でした。

ホームページが完成すると、続いて私はSNSの運用に乗り出しました。「手島農園」という大きな樹の幹となる公式サイトができたので、今度はサイトの存在を知ってもらうための情報発信に取り組もうと考えたからです。

現在、主に使用しているのはX、Instagram、Facebook、LINE公式アカウントの4種類。各SNSにはホームページのリンクを貼り巡らし、どこからでも自由にアクセスできる環境を整備しています。

コツコツと発信を続けていくと、初めはわずかなフォロワーしかいなかったアカウントも、約5年で合計10万人以上の方にフォローしていただける大きなものになりました。

時折、同業者や起業家の方から「どうやってフォロワーを増やしたのですか？」と聞かれることがありますが、私が意識していたのは5つのポイントだけです。

1つ目は、各種SNSのアイコンとアカウント名を統一すること。

共通した名前やアイコンを使用することで、どのSNSで見てもすぐに「同じアカウントだ」と気づいてもらうことができます。すると、ファンの方に複数のＳＮＳアカウントをフォローしてもらいやすくなるのです。

ネーミングも重要で、手島農園の場合は、農園の名前より〈男気トマト〉のネームバリューが高いため、検索性を重視して「男気トマト」も入れるようにしています。

２つ目は、プロフィールを充実させること。

プロフィールでどんな人物なのかを判断できれば、興味を持った方がおのずとフォローしてくれるようになります。また、プロフィールで怪しいアカウントか判断している方もいるため、「何をしている人なのか」を一目で分かるようにしておくのが重要です。

手島農園のアカウントでは、少しでも親しみを持ってもらいたいという思いから、トマトにかける思いや経歴のほか、２児の父といった私のパーソナルな情報まで入れるようにしています。自分で言うのもなんですが、プロフィールを見ただけで私のイメージが伝わるようになっているのではないでしょうか。

3つ目は、**SNS上で営業活動をしない**こと。

SNSマーケティングには、専門性に富んだ有益な情報を流さないとフォロワーが増えない、というセオリーもあるようですが、私に言わせればそんなことはありません。

事実、**私はSNSで商品情報をあまり発信しませんし、直接的な営業活動も行わない**ようにしています。それでも、私の投稿を見て「元気になる」と言ってくださる方が約10万人もいるのですから、セオリーどおりの運用をしなければ成功しない、ということはないのです。

SNSを利用する目的が売り上げを上げるためだけの手段なのであれば、有益な情報やセールストークも効果的かもしれません。しかし、手島農園のSNSはそうではないため、「買ってください」などの投稿はせず、見た方が楽しめる内容を意識しています。

結果論ではありますが、**届けたい情報を整理し、ブレずに発信し続けることが、多くの方に投稿を見てもらう鍵**なのかもしれない、と私は考えています。

4つ目は、いただいたコメントに返信すること。

SNSアカウントを運用していると、一つの投稿に対していくつもの返信がつくことがあります。高級な宝石や時計のブランドであれば、返信しないことが気高いブランドイメージの維持につながっている場合もあるでしょう。しかし、〈男気トマト〉はそうではありませんから、コメントには可能な限り返信をするようにしています。

それが人との付き合い方であり、礼儀だ、というのが私の信条でもあるからです。

また、返信もただ返せばいいというわけではありません。

敬語のコメントには敬語で返す、あえてフランクに話しかけてくれた方にはこちらもフランクに返すなど、相手の距離感に合わせた対応を行うようにしています。

敬語のコメントにタメ口で返信してしまったら「なんだこの馴《な》れ馴《な》れしいヤツは」と思われるかもしれませんし、逆もまたしかりだからです。

SNSに限った話ではありませんが、お客様が生産者やブランドに感じてくれている親しみのレベルは異なります。**それぞれに合ったコミュニケーションを取ることで、お互いが気持ちのいい関係性を保てる、**というのが私の持論です。

SNSは顔が見えないコミュニケーションツールではありますが、何度かやり取りしていればお互いの人柄は分かるようになります。たかがSNSと侮らず、こまめにコミュニケーションを取ることで、お客様とのつながりは濃くなっていくはずです。

5つ目は、気になった人を自分からフォローしにいくこと。

SNSを活用している方のなかには、フォロー数とフォロワー数の比率――いわゆるFF比を意識している方も多いかと思います。

具体的には、フォロー数10人に対してフォロワーが100人いたら、高い発信力や影響力を持っている人だとアピールできる、といった考え方です。

しかし、私はSNSで手島農園の権威性や優位性を示したいわけではありません。「すごい人だ!」と思われたくて始めたわけでもないため、FF比は最初から意識していませんでした。**私がＳＮＳを重視しているのは、個人でも商品の価値を全世界に発信できるツール**だったからです。

気になる方がいれば、一般の方でも自分からフォローしにいく。

フォローしてくれた方のなかに気になる方がいれば、フォローを返す。

この方針で、もう何年もＳＮＳを運用し続けています。

その結果、ＸのＦＦ比はフォロワー約９万人に対しフォロー約８万７千人、とかなり低い状態になっていますが、特に気にしていません（２０２４年７月現在）。

私にとって重要なのは、ＦＦ比よりも、１人でも多くのお客様に〈男気トマト〉の存在を知ってもらい、その上で価値を伝えることです。それが、手島農園のＳＮＳなのです。

ＳＮＳは、使い方次第でさまざまなアプローチを行える便利なツールです。使いこなせば、ブランドパワーを２倍、３倍に向上させることもできるでしょう。

お客様の視点に立ち、どのような発信が望まれているのかを考える。そうすれば、自分の事業に対するSNSの使い方は見えてくるはずです。

SNS・メディアのミックスで生まれる相乗効果

SNSと並行して私が力を入れている取り組みが、メディアへの進出です。「SNSでアプローチができているのだから、ほかのメディアに力を入れなくてもいいのでは?」と考える方もいるかもしれませんが、個人的に、テレビや雑誌、新聞などのメディアとSNSはまったく違った役割を持っていると考えています。具体的には、アプローチできるお客様の種類がまったく異なるのです。

SNSはブランドを深く知ってもらうのに適していますが、ブランドの存在をまったく知らない、新規のお客様を導くのが難しいというデメリットがあります。アカウントにたどり着くには、「男気トマト」や「手島農園」などの単語で検索をかける必要があるからです。フォロワーのリポストやおすすめ機能による流入などがない限り、〈男気トマト〉のことを知らない方は手島農園のＳＮＳアカウントを見つける手段がありません。

一方でメディアは、一瞬の出演で、トマトにまったく関心がない不特定多数の方にもアプローチが可能です。「テレビをつけていたら流れていた」「購入した雑誌でたまたま特集されていた」という偶然の出会いを誘発できます。

そのため、**新しいお客様に商品を知ってもらいたい場合は、メディアのほうが有効だ、**というのが、私のたどり着いた結論でした。

しかし、個人経営者がメディア進出など簡単にできるのか。

私も最初は半信半疑でしたが、やってみると、思っているよりハードルは高くありませんでした。メディア関係者に見つけてもらう土台を作り、戦略的にアプローチをかけ、つながったご縁は大切にする。大切なことは営業と同じだったのです。

メディアと一口に言っても、Ｗｅｂメディアやテレビ、雑誌、新聞など、さまざまな媒体がありますが、ひとつ共通していることがあります。

それは、多くのメディアがインターネットで取材先を探すということです。

大前提として、いかに価値のある商品を作っても、メディア関係者に見つけてもらえなければ取材にはつながりません。つまり、メディアに進出するには、インターネット上に会社の顔となるホームページを作ることが欠かせないのです。

もちろん、ただ作ればいいというわけではありません。オリジナリティーを出し、会社や商品のことがひと目で分かるページにすることで、より自社の個性をアピールします。

また、ホームページを見つけてもらうには、特定の検索ワードで上位に表示される仕組みを作る「SEO対策」も重要です。SEOについては専門書がいくつも出ているので、詳しくはそちらで勉強してほしいのですが、たとえば「トマト農園」と検索したときに手島農園のホームページが上位に出てきてほしいと思ったら、サイト内に関連ワードをちりばめるなど、戦略的にページの中身を作っていきます。

ネット上で見つけやすい状態を作っておけば、興味を持ったメディア関係者が声をかけてくれるかもしれません。

もし取材につながった場合は、関係者との関係性づくりも重要です。人間関係をしっかり構築し、いつでも情報提供ができる体制を整えておけば、取材後もつながりを維持しやすくなります。取材だけの関係性と人間的な部分でつながりがある人のどちらを記事にしたいかと言えば、おそらく後者でしょう。

継続的にメディアに取り上げてもらうためにも、関係性づくりは大切なのです。

取材は受けて終わりではなく、受けてから始まります。

取材実績が増えればメディア関係者からの信頼度も高まり、連鎖的にオファーの数は自然と増えていくはずです。

また、たとえメディアに取り上げてもらうのが難しかったとしても、ニュースリリースは誰でも発行ができます。近年はニュースリリースを配信するサイトも増えてきているため、既存メディアに頼らずとも不特定多数のユーザーに発信できるのです。

ものが売れているから取材が来るのではありません。**取材によりチャンスをつかみ、潜在顧客に独自の価値をアピールできるから、ものが売れるのです。**

あらゆる角度からアプローチを行うことで、相乗効果が生まれます。

たとえば、メディアで〈男気トマト〉を知った方がSNSのフォロワーになってくれたり、SNSで手島農園をフォローしている方が、出演したメディアまでチェックしてくれたり、SNSやメディアで「桶川市にある農園なんだ」と知ってくれた方が直売所に来てくれたりと、さまざまな形で応援してもらえる可能性が生まれるのです。

プラットフォームを組み合わせることで、幅広い年齢層の流入も期待できるでしょう。

ほとんどの場合、知名度が上がれば売り上げも上がります。

開設当初、手島農園の通販サイトには月10件程度の注文しかありませんでしたが、SNSの運用やメディアへの進出を開始すると一気に増加し、今では販売当日に注文が殺到・完売するようになりました。

直売所に来てくださるお客様の数も、目に見えて増加しています。

また、SNSのフォロワー数が伸びたことでメディア出演につながり、メディア出演の影響でSNSのフォロワーが増える、という好循環も起こるようになりました。

ブランドの価値や知名度を上げ、維持するには、常にブランドの情報を発信し続けることが重要です。複数のメディアを組み合わせて発信を行えば、思わぬ相乗効果が生まれて、ブランドを多くの方に知ってもらうこともできるはずです。

ながら思考で効率を上げる

「お前、最近忙しくないか？」

私がまだ明治のマーケティング部にいたころ、課長からこのように声をかけられたことがありました。私は普段あまり弱音を吐くタイプではないのですが、そのときは仕事量が多く、本当に大変な時期だったため「いっぱいいっぱいで厳しいです」と答えました。

すると、課長はあっさりこう言ったのです。

「いつも頭の中で仕事のことを考えていれば、時間の短縮になるんだ。食事中も風呂に入るときも、ずっと考えながら行動していれば、効率的に仕事できるんだよ」

冗談じゃありません。

「ただでさえ忙しいのに、休憩もなしに仕事のことを考えていたら頭がパンクしてしまう。残業代が出るわけでもないのに、この人はなんてことを言うんだろう」

当時の私は、心のなかでそう思っていました。


ただ、会社員を辞めて農業を始めたことで、不思議と課長の気持ちが分かるようになってきました。**空き時間も仕事について考えるようになると、事業計画や販売戦略を立てるための時間を設ける必要がほとんどなくなった**のです。

私がトマト農家をしながら、ＳＮＳの運用やプロモーション、経営、メディア出演など、さまざまな活動に取り組めているのは、この「**ながら思考**」**が習慣になっている**からです。アクションを起こすときには頭の中でイメージが完成しているため、土壇場で「どうやって進めていこう……」と迷うことがなく、効率的に行動できるのです。

たとえばＳＮＳの投稿内容ひとつ取っても、私は「何を投稿しようか」と考え込むことがほとんどありません。頭の中で常に「こういう投稿をしたらおもしろいのではないか」と考えているため、実際の投稿にかける時間は3分程度で済んでしまいます。

新商品のアイデアを考えるときも同じです。

アイデアを練る時間を設けなくとも、納品の帰りや空き時間を使って自然とビジネスのことを考えているため、これをやってみよう、とすぐに行動へ移すことができます。

何かをしながら考えるクセをつけることで、効率的にビジネスを展開できるのです。

とはいえ、「四六時中、仕事のことを考えなくてはいけない」と思い込んでいると、脳みそも精神も疲れてしまいます。必要な作業と不要な作業を切り分け、忙しくともプライベートな時間を持つことも重要です。

では、どのように必要な作業を見極めるのか。ゼロベースで仕事を考えるのです。

基本的に、人間は不要なものを取り除くのが苦手な生き物です。作業を減らして効率を高めようとすると、「本当にやめていいいんだろうか?」「あとから必要になるんじゃないか」と心配になり、いらないはずのものまで残してしまいます。

そのため私は、**今あるものから引き算をするのではなく、本当に必要なものだけ足していく、ゼロベース思考で物事を考える**よう心がけています。

販路をスーパーとの直取引や通販に絞ったのも、ゼロベース思考によるものでした。「損するわけでもないし、市場経由のビジネスを残しておいてもいいのでは？」という思考をやめ、商品単価を上げるために本当に必要な要素だけを積み上げていったのです。

また、**時間を有効活用するには、必要ない作業は翌日に回す**柔軟性も重要です。

ビジネスをしていると、「一度立てた計画は必ず実行しなくてはならない」という考えの方に出会うことがありますが、私はそうは思いません。たとえ仕事が残っていたとしても、今日必ずやらなければいけない作業ではなく、その日ほかにやりたいことがあるのならプライベートを優先したっていい、というのが私の仕事の進め方です。

個人経営者は、会社員のように労働時間が決められているわけではないので、自分の時間を比較的自由にコントロールできます。その日の作業が終わっているのなら、昼間から遊びに出かけようが、誰にも文句を言われる筋合いはないのです。

仕事の効率を上げるためにも、プライベートな時間は必要です。

特に農業は自宅が職場のため、意識的に公私を分けていないとワークライフバランスを保つのが難しくなります。「常に仕事のことを考える」とは言っても、どこかでリセットする時間を挟まなければ、結果的に仕事の効率も落ちてしまうのです。

繁忙期以外は、私も毎日、趣味のギターやランニングの時間を確保するようにしています。

「農業は休めない」

そう思われる方もいるかもしれませんが、私の経験から言えば、農業をしているから休めない、ということはありません。私の家は代々続く農家ですが、子どものころは父にいろんな場所へ連れていってもらいましたし、私も自分の子どもが小さいときは、毎週一緒に出掛ける時間を確保していました。


本当に必要なものだけを選択し、プライベートも充実させる。

それが、私の考える効率的な農業の進め方です。

時代に合った方法でブランド価値を届ける

就農した当初から、私は従来の市場を経由する販売方法ではなく、スーパーとの直接取引や通販サイトの利用を意識してきました。農業を取り巻く環境やお客様の年齢層、購入方法、流通コストなど、あらゆることが変化している現代において、高い利益を狙える手段だと考えていたからです。

通販サイトは、手島農園にとって重要な販路のひとつです。

当初はそこまで注文も多くありませんでしたが、今では最も購入者が多い販売先と言っても差し支えないくらい、たくさんの方に利用いただいています。

なぜこんなにも注文をいただけるのか。

知名度の向上や遠方のお客様も購入できることなど、さまざまな理由が挙げられますが、私は**自社ＥＣサイトを利用している**という点も理由のひとつだと考えています。

通販には、大きく分けてショッピングサイトと自社ECサイトの2つがあります。ショッピングサイトとは、全国の農家の野菜が並ぶオンライン版のスーパーのようなもの。誰でも手軽に通販を行えるのがメリットですが、競合商品との競争が発生するというデメリットもあります。「トマト」と検索するだけで数千件の商品がヒットするため、その中から自分のところの商品を選んでもらえるよう工夫しなくてはならないのです。

一方で自社ECサイトは、サイトを知ってもらうまでのハードルは高いものの、競合商品と価格競争をする必要がなく、出品手数料もかからないというメリットがあります。

どちらを利用するかは農家の自由ですが、私はブランド価値の届けやすさや購入までのハードルを考えた結果、自社ECサイトを作ることに決めました。アクセスしてもらう仕組みを作るのは大変ですが、一度完成してしまえば、商品のコンセプトや価値に納得した上で購入してもらえるようになる、と考えたからです。

ブランド力があれば、ショッピングサイトに頼らずとも集客できるため、自社ECサイトでの購入率を100%にすることも可能です。手島農園も〈男気トマト〉のブランド力によって、通販の利用割合は自社ＥＣサイトが１００％を実現しています。

数百、数千の類似商品と並んでも勝てるほどブランド価値が高い商品ならば、自社ＥＣサイトを用意したほうが得られる利益が大きい、というのが私の結論でした。

利益率を高めるには、環境の変化に応じて柔軟に販路を切り替える判断力も重要です。ただ、ビジネスはばくちではないため、いきなり利益率の高い販路に１００％切り替えるのはおすすめできません。**まずは全体の出荷数の5割を直取引に変えてみる、3割を通販にしてみるなど、リスクを分散しながら調整する**のも良いと思います。

ほとんどの業界に共通して言えることですが、昔ながらの販路を使い続けるだけではなく、商品や環境に合った販路を切り開いていけば、利益率は格段に高くなるはずです。

ブランド力があれば価格交渉は要らない

手島農園では、直売所による手売り販売なども行っていますが、これまで価格交渉を強いられたことはありません。お客様からもバイヤーの方からも「高すぎるから値下げして」といった声は一度も聞いたことがないのです。

何度か述べているように、〈男気トマト〉は一般的なトマトの価格と比べると高価な商品です。それでも**値下げを要求されないのは、ひとえに〈男気トマト〉が持っているブランド価値がお客様に浸透している**からなのでしょう。

良い肥料を使用し、手間暇をかけて、味にこだわって栽培する。

その代わり、価値に見合った適切な価格設定を行う。

この点だけは、トマト栽培を始めた当初から変えていません。

材料費の高騰や肥料の向上などでやむを得ず価格調整を行うことはありますが、手島農園のお客様は変更後の価格さえ「ブランド価値に見合う価格だ」と受け入れてくださいました。値上げによって売り上げが落ちることはなかったのです。

ブランドビジネスを成功させるには、**ターゲットを広げすぎないことも重要**です。「誰でもいいから……」という思考がエスカレートすると、「どんな値段でもいいから買ってもらおう」「どんな条件でもいいから売り場に置いてもらおう」など、利益や商品の価値を無視した販売をしてしまう可能性があるからです。

事前に販売方針を定めて、ブレずにものづくりと発信を続けていけば、そこに価値を見いだしてくれるお客様はきっと集まります。

大切なのは、価値を理解して購入してくれるお客様を増やすことです。

そして、未来で手に取ってくれる可能性があるお客様に商品の価値を届ける。

これこそが生産者の使命だ、と私は考えています。

営業がいらないシステムを構築する

以前はスーパーに直取引の営業をかけていたこともありましたが、ここ数年はめっきりそんな機会もなくなりました。営業をしなくとも商品が売れるようになったからです。

マーケティングの仕事をしていたときから、私は**営業をしなくても商品が売れる状態が、マーケティングの理想形**だ、と考えていました。

まさに今の手島農園の状態は、理想のマーケティング像と言えます。

そんな仕組みをどのように作ったのか。

特別なことはしていません。これまでもずっと意識してきた「価値づくり」や「情報発信」を継続してきただけでした。SNSの活用やブランドパワーの向上によって、営業のいらないビジネスモデルは少しずつ形成されていったのです。

SNSの運用を開始すると、これまでほとんど地元でしか知られていなかった〈男気トマト〉の認知度は一気に高まり、メディアからのオファーも急増しました。ちょうど2019年から2020年のことです。

SNSとメディアの相乗効果はすさまじく、メディアで〈男気トマト〉が取り上げられると、バイヤーの方から「うちのスーパーにも置きませんか？」とオファーが来るようになりました。飲食店から「うちの料理に〈男気トマト〉を使わせてほしい」と相談いただく機会も増え、〈男気トマト〉はみるみるうちに広まっていったのです。

営業をする必要がなくなった背景には、このような認知度の向上があります。

また、SNSのフォロワーの存在も、営業がいらないビジネスの成立に大きく寄与しています。フォロワーの方が行ってくれる「拡散」という行為が、結果として〈男気トマト〉の魅力発信の役割を担ってくれたのです。

SNSのフォロワーも、「おいしいから、知り合いにすすめたい」と本当に思ってくれているからこそ、拡散してくれているのだと強く感じています。

「ＳＮＳは、個人や中小企業が成功するために絶対に必要だ」とまでは言いませんが、継続的に情報発信を行うために非常に有効なツールです。

〈男気トマト〉のブランドパワーは、ＳＮＳを始めたことで急激に伸びていきました。

今は、ＳＮＳを使えば誰もが発信できる時代です。ブランドを届ける導線を作れば、全国のお客様にタッチすることも可能なのです。

使える手段はすべて使って挑戦してみる。それが成功の秘訣《ひけつ》だ、と私は考えています。

第9章

購入する〝人〟への想像力

ファンの信頼を意識する

「男気トマト、おいしくていつも買っているよ」

ある朝、私がスーパーで商品を並べていると、声をかけてくださるお客様がいました。黙って商品をカゴに入れることもできたのに、その方は私に気づくと足を止めて、トマトの感想を教えてくれたのです。

日頃から「おいしいトマトを届けて元気をあげたい」と思い農業をしていますが、そのときばかりは私のほうが元気をもらえました。

同時に、〈男気トマト〉のファンの存在を実感することになったのです。


SNSやメディアで顔出しをしていることもあって、ここ数年はスーパー以外の場所でも声をかけてもらえる機会が増えました。

「手島さんですよね。インスタフォローしています」

「いつも投稿に元気をもらっています」

「一緒に写真撮ってください」

地元をボーっと歩いているときも声をかけられることがあって、正直驚きます。その方たちは〈男気トマト〉のファンであると同時に、生産者である私のファンだと言ってくださるのです。

過去には、学校の授業で地域の代表的なものを発表する際に、〈男気トマト〉の名前を挙げてくれた子もいたと聞きました。

このような話を聞くと、私は「男気トマトは本当に多くの方に愛されているのだな」と実感します。加えて、生産者である私に親しみを感じてくださる方もいて、図らずも「手島孝明が作っている」ということがブランド価値の一部になっている、とも思うのです。

私としては、男気ブランドに興味を持ってもらえるのであれば、生産者が入り口でも、商品が入り口でも、どちらでも構いません。「どんな商品なんだろう?」「どんな人が作っているんだろう?」と疑問に思ってもらうことが、〈男気トマト〉の価値を届ける一歩につながると考えています。

ただ、人気にあぐらをかいてはいけません。ファンの方から声をかけていただいたときは、よりいっそう気を引き締めるようにしています。

信頼は、築くまでに時間がかかりますが、壊れるのはほんの一瞬だからです。

「ファンがいるから何をしてもいい」という考えでは、ブランドは長続きしません。

ひたむきに、お客様へ期待以上の価値を提供する努力を続ける。

それが、私から〈男気トマト〉のファンにできる一番のお返しだと思っています。

垣根をなくしてまっすぐに対話をする

〈男気トマト〉を食べたときに、心から「買ってよかった」と思ってもらうため、私は**日頃から1人でも多くのお客様と対話をする**ことを心がけています。

会話によるコミュニケーションも、〈男気トマト〉が提供できる価値のひとつと考えているからです。

直売所では、私も時間が許すかぎり店頭に立って、直接お客様に商品をお渡しするようにしています。始めてみて分かったのですが、直売所に来てくださる方は、単に〈男気トマト〉を求めているわけではないようでした。

手島農園に来て、私に会って、トマトを買う。

これらすべての体験に価値を感じてくださる方がほとんどなのです。

「それなら、せっかく来てくれた方に満足して帰ってもらおう」

そう考えて、直売所に立つときは、トマトに対するこだわりや農業全体のお話、ときにはプライベートに関する話などもするようにしています。少しでも「直売所まで来てよかった」と感じてもらいたい、という私の気持ちが伝わっていたら嬉《うれ》しいです。

また、コミュニケーションを意識するという点はSNSでも変わりません。

手島農園には、通販の情報などを発信するSNSの公式アカウントがありますが、告知をするとメッセージを送ってくれるお客様がたくさんいます。

「今年も買ったよ」「おいしかったよ」と感想をくださるのです。

何年農家をしていても、やはりお客様からそう言っていただけるのは嬉しいことです。私は1件1件目をとおして、すべてのメッセージに返信をするようにしています。みなさんの言葉が私の励みになるように、私の感謝の気持ちも言葉にすることで伝わると信じているからです。

生産者と顧客には「売り手と買い手」という関係が当てはめられますが、突き詰めれば人と人との付き合いです。ドライに考えすぎず、**人として気持ちのこもった対応をしたほうが、お客様とも気持ちの良い関係が築ける、**と私は考えています。

直売所を訪れたお客様には自分から挨拶する、話しかけやすい雰囲気を作る、自分から心を開いて会話をする。手島農園のお客様には、そうしてつながってきた方がたくさんいます。もう何年も注文をいただいている常連さんのなかには、季節の折にお歳暮を贈ってくださる方もいるほどです。

本来であれば、商品を買ってもらう立場の私がお歳暮をいただくなどおかしな話です。

ですがそれは、手島農園が**お客様と単なる売り手と買い手の関係ではない、深い関係性を築けている**証しとも言えるのではないでしょうか。


商品を購入してもらったときは、思ったことを正直に伝える。

それだけでお客様との関係性は深まり、自然と満足度は高まっていきます。

リピーターになってもらおうとか、少しでもブランドをよく見せようとか、そんなことを考える必要はありません。

直接会話していれば、相手が本心からその言葉を発しているかどうかは、すぐに伝わるものです。裏があると思われれば、お客様はすぐに離れていってしまいます。


お店に来てもらったら、嬉しい気持ちを伝える。

商品を購入してもらったら、感謝の気持ちを伝える。

お客様に満足してもらうには、それだけでいい。いや、それだけがいいのです。

商品の質を高める心づかい

手島農園では、新鮮でおいしい状態のトマトを届けたい、という思いから、赤く熟したトマトのみを収穫する「赤採り」を徹底して行っています。ギリギリまで樹の上で育てることで、味が濃く、食べごたえのあるトマトをお届けできるのです。

ただ、作業効率という点だけで見れば、赤採りはまったくおすすめできない方法です。赤採りをしたトマトは実が柔らかく、軽い衝撃で傷がつく恐れがあるため、あらゆる作業を手作業で行わなければいけません。時間も気も使います。

効率を重視するのであれば、市場に出荷をするトマトと同じように「青採り」を行ったほうがはるかに簡単です。実が青く、硬い状態で収穫をする青採りなら、そこまで神経をすり減らして作業をしなくても問題ありません（市場に出荷すると店頭に並ぶまでに時間がかかるため、赤く熟した状態で並べられるよう、市場に流す分はあえて「青採り」をすることがあります）。

それでも、お客様に満足していただける濃い味わいのトマトを届けたい。

この一心で、私はトマト栽培を始めた当初から、赤採りにこだわって収穫を行っています。

収穫したトマトは、割れや潰《つぶ》れがないかを1個ずつ目視で確認し、等級ごとに仕分けします。大きさを自動で選別できる「選果機」という機械もありますが、赤採りをしたトマトには使えないため、人間の目だけが頼りです。

選別が終わったら、柔らかいタオルで表面を拭き、汚れを落とします。

その後、トマトが傷んだり潰れたりしないように、比較的硬いヘタの部分を下向きにして袋詰めをする。

ここまでやって、ようやく出荷準備の完了です。

傷み防止のため、ヘタを下にして袋詰めをする

繁忙期は収穫できるトマトの量も多いため、これらの作業を

するのに5～6時間かかることもあります。青採りをしていたら、おそらく半分ほどの時間で作業が終わることでしょう。

赤採りは非効率的です。しかし、非効率的と分かっていても、丁寧にトマトと向き合い、こだわりを持って提供することに意味があります。

お客様にベストな状態のトマトをお届けする。

このミッションを実現するためならば、私はどんな手間も惜しまないのです。

ただ、どれだけ慎重に出荷準備を行っても、綺麗《きれい》な状態でお届けできなければ意味がありません。手島農園は全国発送も行っているため、配達中の衝撃でトマトが割れたり潰れたりしないように緩衝材を二重に入れ、配送先によってはクール便に切り替えるなど、お客様ひとりひとりに寄り添った商品提供を心がけています。

それでも、どこかで事故は起こるもの。年に数件は、どうしても「届いたトマトが潰れていた」というご連絡をいただくことがあります。連絡があると、申し訳ない気持ちでいっぱいになります。

通販サイトに載っている綺麗に並んだトマトの姿をイメージして「ようやく届いた!」とワクワクしながら箱を開けたら、トマトが潰れていた。汁が飛び散ってほかのトマトにもついているし、箱もぐちゃぐちゃになってしまっている……。

想像するだけでも、かなりショッキングな光景です。仮にそれ以外のトマトが食べられる状態だったとしても、届いたときの満足感や感動は損なわれてしまいます。

「すみません。必ず代わりの品をお送りします」

私には、心からお詫びの気持ちを伝えることしかできません。

「配送上の都合で発生したトラブルについては責任を追わない」という方針にすることも可能ではありますが、私からすれば、**ベストな状態をお届けできなかった以上、いただいた金額の対価をお渡しできていないのと同じ**ことです。

ですから、私は必ず潰れた品と同等のトマトをお送りするようにしています。

突き詰めて考えてみれば、こちらに非はないかもしれません。運転手の荷物の積み方が悪くて潰れてしまったのかもしれません。しかし、どちらが悪いかなどお客様には関係ないことです。
確かなのは、届いたトマトが潰れていて、お客様に感動的な体験を届けられなかったということ。周りのトマトを綺麗に洗って、ベタベタになった段ボールを処理して、手島農園に連絡を入れて……と、潰れた商品を片付けるためにたくさんの手間をかけさせてしまったことだけです。

それらの負担やお客様の気持ちを考慮して、私は代替品をお送りする際、大きさの都合上、箱詰めできないが直売では人気の小ぶりなトマトなども一緒に送るようにしています。**お客様の不満が1つではない以上、「1個潰れていたから1個だけ送る」という考え方は、正しいようで正しくない**からです。

そのように誠意を持って対応していると、最初は強い不満を持っていた方も、継続して商品を買ってくださるお客様になってくれることがあります。
クレームは一見怖いものに思えますが、見方を変えれば、それだけ商品に期待をしてくれていた証しです。その後の対応で「がっかり感」を改善できれば、ヘビーユーザーになってくれることもあります。

商品に大して興味がない方は、クレームなど入れません。何も言わず、次から買ってくれなくなるだけです。

マイナスの出来事が起きたときほど、実はチャンスでもあります。自社に責任がないとしても「うちは悪くない」と突っぱねるのではなく、お客様の視点に立って誠意のある対応をする。それだけで、お客様との距離はぐっと縮まり、良い関係を築いていけるのではないでしょうか。

ニーズに応えつつ、新たなチャレンジをする

〈男気トマト〉一本で勝負してきた手島農園も、2020年にとうとう新商品開発へ乗

り出し、加工品産業にチャレンジしました。

「男気トマトジュース」の開発です。


4章でも少しお話ししましたが、加工品は「シーズン外でも手島農園のトマトを食べたい」というニーズに応える形でスタートしました。

「トマトらしさを表現するなら、100%トマトを使用したジュースを作ろう」

そんな思いからトマトジュースを開発しはじめたのですが、完成には思いのほか時間がかかりました。私のこだわりを実現するには、機械による大量生産では難しかったのです。


個人農家が加工品を作ろうと考えたら、ほとんどの場合が委託製造になります。手島農園も例にもれず、野菜の加工食品を作っている会社を調べて、秩父にある工場にコンタクトを取りました。

作りたい商品のイメージを伝えると、さっそく試作品をもらえましたが、どうにもトマトらしさが薄い。市販されているトマトジュースのような、サラサラした食感になってしいます。

「私が作りたいのはトマトジュースではなく、飲むトマトなんです」

工場の社長は、私と同じく脱サラ農家でもあったため、トマト作りや農業にかける思いに理解を示してくれました。ただのトマトジュースなら販売しない、という私の決意をくんで、濃厚なトマトジュースの製造に協力してくれたのです。

何度か試作を重ねるうちに、現在販売しているようなとろみのあるトマトジュースができあがっていきました。私としても、男気ブランドの商品として納得のいくものが作れた、と思っていたのですが、ここでひとつ問題が発生します。

濃厚すぎて、ビン詰めに使用する充塡機《じゅうてんき》が詰まってしまったのです。

試作段階では手作業で作っていたため気づかなかったのですが、いざ商品化しようとすると、機械が使えないことが判明しました。

工場としては、充塡機なしでビン詰めなどしていられません。

しかし、私としても品質を譲ることはできません。

そうなれば、できることはひとつしかありませんでした。

「どうしても、トマトらしさが残るトマトジュースをお客さんに提供したいんです」

私は、なぜトマトジュースを作りたいのか、どれだけ本気で商品開発に取り組んでいるのかを改めてお伝えしました。すると、最終的には社長も納得してくれて「じゃあ、手島さんのとこは手詰めでやるよ」と言ってくれたのです。

その分、通常よりも作業コストはかかりますが、お客様に満足いただける商品を作ることができ、今では多い年に1000本製造するほどの人気商品となっています。

商品開発はおもしろい。

トマトジュースを作る過程で商品開発の楽しさに気づいた私は、次々に新商品を考えるようになりました。2021年の春に発売した「万能トマトソース」と「トマトケチャップ」は、このときに誕生したものです。

これらの商品は「男気トマトジュース」とは別の会社で製造していて、構想から販売までわずか2カ月ほどで完成しました。埼玉県の三芳町というところにある工場に委託していますが、最初のサンプルから「これだ！」というものができあがり、すぐに商品化が実現したのです。

数ある加工食品のなかでトマトソースとケチャップを選んだのは、男気トマトの特徴を生かせるため、市販のものと比べたときに味の差別化がしやすかったからでした。

新商品の開発は随時行っていて、現在もトマト塩麹《しおこうじ》やトマトのオリーブオイル漬けなど、〈男気トマト〉を生かした商品を作れないかと試行錯誤しています。商品開発は半分趣味になっていて、私も日々どんな商品ができるのか楽しみにしているのです。

ですが、需要がない商品を作っても仕方がありません。過去には売れ行き不調と判断して、途中でストップしたものもあります。いくら楽しみとはいえ、利益を度外視したビジネスをするわけにはいかないのです。

さらに言えば、それなりに製造コストがかかるため、**ある程度の価格で販売できるブラ**

〈男気トマト〉を使った加工商品

ンド力がなければ、加工食品で利益を出すのは困難です。

「男気トマトジュース」の場合は、すでに〈男気トマト〉のブランド価値が広まった状態で開発に踏み切ったため、最初から購入してくれるファンがいました。しかし、**ブランド価値を付けずに販売したら、おそらく適正な利益を得られる価格で買ってもらうのは難しいでしょう。そのくらい、加工食品の販売におけるブランド価値は重要**です。

ロスを削減できることもあって、加工品の開発に挑戦しようとする農家の方がたくさんいますが、「うまく売れずに在庫を抱えてしまっている」という話もよく聞きます。

お客様のニーズやブランド価値が低い状態で開発に取り組んでも、成功する確率はごくわずかです。まずは野菜そのものの知名度を高め、加工品はそのあとで考える、と割り切ったほうが、失敗するリスクは少ないでしょう。

店頭での発信がコラボを生む

多くの方に、自分のところの商品を知ってもらうにはどうしたらいいのか。

個人農家が常に悩まされている問題のひとつです。

これに対する私の答えは、**SNS、メディア出演、店頭での発信を積極的に行うこと。**

特に「不特定多数のお客様にアプローチしたい」と考えているのであれば、店頭での発信が欠かせません。スーパーで自分の商品を見かけた方が、未来のお客様になってくれるかもしれないからです。

スーパーと直取引をしていて、自分の商品を並べる売り場を持っているのなら、ポップを置いておくのも効果的です。私も売り場には自作のポップを必ず設置し、〈男気トマト〉の特徴や栽培のこだわり、ブランド力などがひと目で分かるようにしています。

スーパーを訪れるのは、個人のお客様だけではありません。レストランのシェフやオーナー、食品メーカーの担当者が訪れる可能性もあります。もし彼らがポップを見て、商品に興味を持ってくれたなら……魅力的なコラボができるかもしれません。

手島農園では実際に、店頭での発信がコラボにつながった事例があります。

フジパン株式会社との夢のようなコラボも、きっかけはスーパーの売り場でした。


2022年。店頭に並んでいる〈男気トマト〉の存在を知ったフジパンの商品開発担当者が、私にコラボの提案をしてくれたことがありました。「スナックサンド男気トマト」として、〈男気トマト〉を使用したコラボ商品を作ろうと持ちかけてくれたのです。

後から知ったのですが、フジパンが個人農家とコラボをしたのは、私が初めてだったそうです。

フジパンとのコラボは市を巻き込んだ一大事業となり、桶川市の広報紙や地域新聞で取り上げていただいたり、市長や関係者と共に埼玉県知事のもとへ表敬訪問をさせていただいたりもしました。

ありがたいことに、コラボは2024年で第3弾を迎えていて、お客様からも好評をいただいています。

また、桶川市の隣にある上尾市のレストランで働いている方が、スーパーで販売されている〈男気トマト〉を見かけて、「地域を盛り上げたい」というお店の経営方針と合うかとコラボの相談をしてくれたこともありました。

このように、店頭での発信はビジネスにつながる可能性を十分に秘めています。適切な情報発信を続ければ、売り場から新たなコラボが生まれることもあるのです。

ただ、やみくもにコラボをしても意味がありません。

2つの商品を掛け合わせれば、2倍の効果が生まれるのは当たり前。**1+1が単なる2になるコラボを実施するよりは、1+1が3、4、5……と広がって、互いに成長していけるコラボがしたい**と私は考えています。

両者が本気になって取り組んで成長し合えるのであれば、会社の規模や知名度など気にしません。どんなに小さな会社や個

埼玉県知事に表敬訪問したときの様子

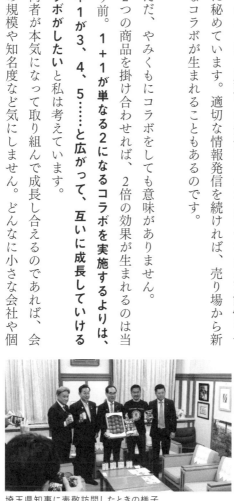

人でもコラボしてみたいのです。

また、前ページの写真を見てもらっても分かるとおり、私はメディアに出演する際は必ず〈男気トマト〉のロゴマークが入ったオリジナルTシャツを着用するようにしています。これもプロモーション戦略の一環で、顔を映そうとすると必然的にTシャツの前面も映るため、出演するだけで〈男気トマト〉の宣伝ができるのです。

Tシャツを着ていれば、すぐにお客様に気づいてもらえるため、スーパーの店頭でも声をかけてもらいやすくなります。

自社の商品をより多くの方に知ってもらうには、ロゴ入りのオリジナルTシャツを作るのも効果的と言えるでしょう。


手島農園はこれまで、トマト作りやブランディング、メディア進出、メーカーとのコラボなど、さまざまな取り組みで男気ブランドの価値を高めてきました。今の成功があるのは、インターネットやSNSの普及といった時の流れや運もあるでしょう。

ただ、いざというときに幸運をつかみ取るには、入念な事前準備とビジネス的な思考が重要になる、と私は考えています。

本書でお話ししてきた内容は、まさに私がこれまでの人生で培ってきたビジネス的な思考と〈男気トマト〉で行ってきた戦略のすべてです。お客様の満足度や利益を重視する営業やマーケティングの思考と、それを実行するための数々のプラン、そして「日本一おいしいトマトを届けたい」という思い。すべてが交わって、今の〈男気トマト〉があります。〈男気トマト〉の価値は唯一無二ですが、行ってきた取り組みの多くは、みなさんのビジネスにも活用できることだと思っています。

「本書を読めば、誰でも成功できる」とは言いません。

しかし、私がしてきたことの多くは、やろうと思えば誰でもできることです。

チャンスはいつ、誰に訪れるか分かりません。

ふいに現れたときを逃さず、成功を手にするために、日ごろから準備をしておくことが大切です。

おわりに

「あなたの職業はなんですか？」

そう聞かれたとき、私は「手島孝明です」と答えたいと思っています。

なぜなら、**個人農家をはじめ自分で起業をしてビジネスをしている方には、この職業だからこの範囲で仕事をしなければいけない、というルールはない**からです。

農家が「ジュースなどの商品を販売してはいけない」という決まりはありませんし、トマト農家だから「生トマトしか作れない」わけではありません。

起業家は、自分にしかできないビジネスに挑戦して、オンリーワンの職業を作り出すことができます。自分が納得してさえいれば、どんな仕事に挑戦してもいいのです。

自分の仕事に誇りを持ち、楽しみながら取り組んでいけば、結果はついてくる。

就農した当初から、私は一貫してそう信じています。

一方で、農家に限った話をすると、20～40代の若い方たちが参入するハードルはかなり低くなっていると感じています。

その理由は何度かお話しししているとおり、既存農家の高齢化です。

農業は、参入している農家の約7割が65歳以上で構成されていると言われています。49歳以下は皆「若年層」と扱われていて、年齢幅が広いにもかかわらず、全体のわずか1割程度しかいないのです。

全体の農業人口も減少し続けていて、国の調査によると、2010年には約250万人以上いた農家が、2020年には130万人ほどになってしまいました。10年間で100万人以上の方が農業を離れてしまったことになります。

一方で、野菜の消費量は、ここ10年でそこまで大きく変わっていません。つまり、需要自体は変わらず存在しているというわけです。

そう聞くと、まだまだ可能性がある業界に思えるのではないでしょうか。

私の経験から言っても、農業は「自分だけの価値をしっかり作って届ける」という基本に沿って事業を行えば年収1000万円超えも目指せる、チャンスに満ちた業界です。

ホームページやSNSのアカウントを持ち、積極的に情報発信をしても、うまく売り上げにつなげられていない方も少なからずいるため、インターネットをさらに活用したビジネスを展開するだけで、優位に立つことも可能です。小さいときからネットに触れている20～30代の若者であれば、私よりいい活用方法を見つけられるかもしれません。


また、ほかの業界で長年仕事をしていた方にも十分に勝算があります。**ほかの産業では結果が出ていることも、農業の世界ではまだ誰もやっていないというケースもある**からです。

今からでもパイオニアになれるのが、現代の農業です。

これから新たなブランドを立ち上げて、誰もが知る有名企業とコラボすることも夢ではありません。やり方次第でメガヒット商品を生み出せる可能性もあるでしょう。

農業は無限の可能性を秘めています。「やってみよう」と思う気持ちさえあれば、挑戦できることはたくさんあるのです。

先に農家を志した者として、私は農業の魅力をもっと伝えて、イメージを変えていかなくてはいけないと考えています。

農業にこのようなビジネスチャンスがあることも、個人農家でもワクワクするようなコラボができることも、会社員以上に稼げる職業であるということも、本書を読むまで知らなかった、という方がほとんどでしょう。

代わりに、世間に根づいている農業の印象と言えば「キツい・汚い・稼げない」の３Ｋ。良いところがすべてかき消されてしまっているのです。

ですから私は、〈男気トマト〉の販売で培ったブランディングやマーケティングのスキルも含めて、これから農家を目指したい方や壁にぶつかっている方に向けて、発信を行っていきたいと考えています。

すでに、ＳＮＳで同業者の方から「どうしたらうまくマーケティングができるのか」「経営方針はどのように決めればいいのか」と相談をいただき、それに対して回答もしていますが、実際に会って、言葉を交わすことでしか伝えられないこともあると思います。

若い世代の育成に励む、と言うと大げさですが、これから一緒に未来を担っていく方たちに私の経験が糧となるのなら、セミナーでも講演会でも農業指導でも、なんでも挑戦していくつもりです。

もちろん〈男気トマト〉を多くの人に届けたいという思いは変わっていません。

こちらにも新たな夢ができました。

〈男気トマト〉を世界に届ける、という大きな夢です。

現在は、海外貿易の支援をしてくれる機関と協力して「男気トマトジュース」の海外展開を始めてみようと計画しています。

アジア圏からスタートして、ゆくゆくは全世界で〈男気トマト〉を使った商品が食べられるようになれば、日本の農業に興味を持ってくれる方も増えていくはずです。

需要が増えれば、チャンスと感じてトマト農家を志す方も増えるかもしれません。

日本の小さい農家でも、本気で取り組めば世界を相手にできる。

そのことを証明していきたい、と私は考えています。

最後になりますが、子どものころに培った「やればできる」というマインドは、常に私を前に進める原動力となりました。

誰でも、新しいことに向けて行動を起こすのは大変です。失敗するかもしれない、と不安になる気持ちもあります。

それでも、**やってみようという意志を持ち続けるには、「やってみて、成功した」という体験を重ねるしかない**のではないかと私は思います。

「塵《ちり》も積もれば山となる」という言葉のとおり、どんなに小さな成功体験でも、積み重ねれば大きな自信となります。

私の場合は、その一歩がたまたま中学生のときのテストでした。

世の中には、大人になってから成功体験を積み重ね、自信を持てるようになった方も大勢いるはずです。

「担当しているプロジェクトでお客さんから褒められた」

「営業成績が0・1%アップした」

「プライベートで参加したマラソンで、最後まで走り切れた」

どんなことでも構いません。

いつか本当にやりたいことが現れたときに、「やればできる」と自分を信じ、チャレンジができるよう、常に心の準備をしておいてください。


チャンスを逃さず、成功をつかんでいる人には特徴があります。

恐れずにチャレンジする心を持っていること。

自分の信念を持ち、ブレずにビジネスに向き合っていること。

それは、みなさんが思っているより難しいことではありません。

少しずつ経験を積み、小さな成功を重ねていけば、誰もがオンリーワンの自分を持って、それぞれの業界で勝負をしていけるはずです。

teshima nouen
OTOKOGI
TOMATO
男
トマト
男気

手島 孝明（てしま　たかあき）
埼玉県桶川市で江戸時代から続く農家の18代目として1974年に生まれる。１年の浪人生活を経て明治大学法学部に入学。1998年に株式会社明治に入社し、名古屋で営業を10年、本社にてマーケティング及び営業統括を３年間経験し同社を退職。2011年４月より家業を継ぎ、トマト農家となり現在に至る。

装丁：西垂水敦・内田裕乃（krran）
編集協力：小山田美涼
写真：福田俊介

営業：小林 仁
進行：森村利佐　坂本美香
編集：斎藤岳雄

人《ひと》に届《とど》く　オンリーワン ブランド

2024年９月19日　初版発行

著者／手島《てしま》 孝明《たかあき》

発行者／山下 直久

発行／株式会社KADOKAWA
〒102-8177　東京都千代田区富士見2-13-3
電話 0570-002-301（ナビダイヤル）

印刷所／大日本印刷株式会社

製本所／大日本印刷株式会社

ISBN 978-4-04-607017-3　C0034